改訂新版

いまだに全然意味がわかっていない

個人事業主・フリーランスですが、

インボイスって

結局どうすればいいのか
教えてください！

公認会計士・税理士　川崎晴一郎

Seiichiro Kawasaki

すばる舎

はじめに

　2022年11月に本書の底本が出版されてから、複数回の増刷を経て、今回の改訂の運びとなりました。誠にありがとうございます。

　一方で、2023年10月からインボイス制度は容赦なく始まり、多くの個人事業主やフリーランスは苦難の対応を余儀なくされるようになっています。

　インボイス対応は任意なので、必ずしもその道を進む必要はないのですが、本書をはじめとするさまざまな情報により、インボイス対応は促進されつつあるようです。

　ちなみに私は、お客様に企業が含まれているのであれば、その事業者は「この制度を受け入れて、さっさと対応を進めるべき」という立場をとっております。というのも、すでに法定化されてしまっているこの制度を受け入れない事業者は、最終的にはお客様から見放されたり、値切りを要求されたりして、損をするようになるのが目に見えているからです。すでに制度が始まっている現状において、様子を見ている場合でもありません。

　「最後まであらがって、滅びを待ちたい」というのであれば別ですが、個人事業主であれ、フリーランスであれ、経営者である以上は損失を最小限にし、少しでも多くの利益を確保することにベクトルを向けるべきなのです。

　……と、いきなり冒頭からこんな物言いで始まってすみません。しかし、ここまでの内容で「インボイス対応」に関する不安感を抱かれた方には、拙著を特に読み進めていただきたいと強く願います。なぜならば、「しっかりと知識を身に付けていただくことで、ご自身の事業を守るために一番的確な判断が下せる」と私は考えているからです。

　本書は、自分で所得税や法人税の確定申告を行うなど、身近に税理士がいないような個人事業主やフリーランスであっても、インボイス制度の対応、ひいては消費税の確定申告までも自分で完結できるように、できるだけわかりやすく解説することを試みた実践書です（法律の本になるので、しっかり説明している箇所が多少マニアックとなっているのはご容赦ください）。読み方は自由です。最初から読破されても、気になるトピックから読み進めていただいても構いません。

　この本で得た知識が、皆様の今後の仕事に役立てれば幸いです。

2023年12月吉日　川崎晴一郎

インボイス制度開始
どうする？個人事業主&フリーランス

犬猫経済新聞社

2023年10月 インボイス制度
開始、あなたへの影響
は？

免税事業者が転換に!?

まだ登録して
いないんだよね～、
インボイス

どうしようかな～

PC

── と、まだインボイス登録に
迷い中の個人事業主とフリーランスの
みなさん、こんにちは！税についての
プロフェッショナル・ネコタ先生です

えっ!?

え!!

仕事がない

スケジュール

相手先の会社から
叩かれる

安

2023年10月1日から始まった
インボイス制度は、消費税の新しい
制度です。これまでは年商1,000万円
以下の人は、"免税事業者"のままでも、
消費税の納税義務はありませんでしたが……。
この制度が始まったことで、課税
事業者にならないと今後、場合に
よっては仕事が減ってしまうかも

ええーっ
まだインボイス登録をするか
悩んでいる免税事業者なん
ですが。

どうすればいいんですか?

今後の取引先との
関係を考えて、まずは
自分にとってベストな
方法を
考えよう!

はぁ〜

年貢

代官所

インボイス登録すると
これ以上、年貢が増えるのか〜

でも 大丈夫!
インボイス制度と消費税の
仕組みについて
学べば、どんと来い!
「インボイス制度」です!

どんと来いって……

それでは、お悩み中の人にも
わかる「インボイス制度と
消費税」について、
知っている人だけがトクする
お話をはじめましょう!

用語解説

「インボイス」って言葉は知っていても、
「専門用語がわからない」と思われている方へ向けて、
本書の中でよく使われている用語を簡単に解説します！
予備知識としてもご活用ください。

インボイス制度　「インボイス制度」とは、2023年10月1日から始まった消費税のルール。正式名称は「適格請求書等保存方式」。

インボイス発行事業者（適格請求書発行事業者）　「インボイス発行事業者」とは、事前に税務署に「適格請求書発行事業者の登録申請書」を届出して資格を得た「課税事業者」のこと。2021年10月1日から2029年9月30日までの間は経過措置（特例）が設けられ、「適格請求書発行事業者の登録申請書」の1点だけ提出すれば、インボイス発行事業者になれる。

登録番号　登録番号とは、事前に税務署に「適格請求書発行事業者の登録申請書」を届出して、「インボイス発行事業者」の資格を得た「課税事業者」のみに国が与えるもの。登録番号は事業者へ通知される。登録番号は個人事業主の場合、「T（ローマ字）で始まる13桁の数字」。法人の場合は「T+13桁の法人番号」。

インボイス（適格請求書）　「インボイス」とは、国が認めた請求書の形式のこと。正式名称は「適格請求書」。

売り手　インボイスを発行する側。

買い手　インボイスを受け取る側。

税務署　税務署は国民が国に納める税金を管理する公的機関の1つ。

e-Tax e-Tax（国税電子申告・納付システム）とは、消費税、所得税、贈与税、印紙税、酒税などの申告や法定調書の各手続き（提出・届出・申請など）をインターネットで行えるシステム。

簡易インボイス 簡易インボイスはインボイスの簡易版。受け取る側のお客様の氏名や名称を省略して発行できる。インボイスとは違い、「適用税率」か「税率ごとに区分した消費税額等」のどちらかのみを記載。ただし、簡易インボイスは誰もが発行できるわけではなく、不特定多数のお客様を相手に商売を行う特定の業種に限る。

消費税 消費税とはモノやサービスの提供など、消費一般の取引に対して公平に課税する税金。

間接税 間接税とは、税金を負担する人ではなく、別の事業者などが納める税金。

消費者 消費税を負担する人。

事業者 消費税の申告と納付する人。

軽減税率 2019年10月1日より「酒類・外食を除く飲食料品」と「定期購読契約が締結された週2回以上発行される新聞」を対象に実施。軽減税率対象品目の税率は8％（国税6.24％、地方税1.76％）。

標準税率 軽減税率対象品目以外で用いられる消費税の税率。消費税10％（国税7.8％、地方税2.2％）。

複数税率 2019年10月1日から消費税等の税率が軽減税率制度の実施により「標準税率（10％）」「軽減税率（8％）」の複数税率になった。

課税事業者 課税事業者とは「消費税を納付する義務がある事業者」。

免税事業者 免税事業者とは「消費税を納付する義務が免除されている事業者」。

課税期間 課税期間とは、納付する消費税額の計算の基礎になる期間。原則、個人事業主は1月1日から12月31日まで。法人は事業年度。

基準期間 基準期間とは、課税期間において消費税の納税義務の免除や簡易課税制度が適用できるかを判断する期間。原則、個人事業主は2年前の課税期間。法人はその事業年度の前々事業年度。

課税売上高 課税売上高とは、消費税の課税対象となる取引の売上高。取引のほとんどの売上高が課税売上高にあたる。また、原稿料、印税、講演料、出演料、講師謝金、インターネットによるサイドビジネス収入なども課税売上高に該当。ただし、土地の売却収入、住宅家賃、社会保険診療報酬などは消費税の非課税取引に該当。

課税仕入 課税仕入とは、消費税の課税対象となるモノやサービスの仕入れ、事業用資産の購入または賃借、事務用品の購入、運送等のサービスの購入などをいう。仕入れ先が免税事業者の場合でも課税仕入にあたる。ただし、土地の購入や賃借などの非課税取引は課税対象とならない。加えて、給与・賃金なども課税仕入には含まれない。

仕入税額控除 仕入税額控除とは、課税期間に仕入れの支払いで発生した消費税の二重課税が起きないようにする制度。消費税を納付する際には、課税期間中の課税売上に係わる消費税額（売上税額）から、その課税期間中の課税仕入に係わる消費税額（仕入税額）を控除して計算する。ただし、インボイス制度では、原則インボイスを発行してもらわないと仕入税額控除は適用されない。

帳　簿 帳簿とは、確定申告時に正しい所得額と税額を計算して申告できるように、事業の取引を記録するもの。内容は「取引年月日」「取引先」「収支の金額」などを記載。

一般課税 一般課税（原則課税）では、「消費税の納付税額＝売上の消費税額（売上税額）－仕入れや経費の消費税額（仕入税額）」として納付税額を算出する。

簡易課税制度　簡易課税制度とは、事業者の選択によって、売上に係わる消費税額を基礎として、仕入れに係わる消費税額を算出できる制度。

みなし仕入率　みなし仕入率とは、業種によって定められた仕入率のこと。「売上にかかった消費税」に「みなし仕入率」をかけるだけで、仕入税額控除に該当する「消費税額」が計算できるので、売上税額のみ計算すれば消費税の納付税額を算出できる。

2割特例　免税事業者であった個人事業主やフリーランスがインボイス発行事業者になった場合、2023年10月1日から2026年12月31日までの期間、特例として売上税額の2割を納付。

端数処理　端数処理とは、消費税計算で端数が出たとき、事業者が選択する「切り捨て、切り上げ、四捨五入」の処理のこと。

電子帳簿保存法　電子帳簿保存法とは、法人税法や所得税法で求められる帳簿や書類を電子データで保存するために定められた法律。

消費税の納付・確定申告　消費税と地方消費税を併せて所轄税務署に申告・納付する手続き。期間は、個人事業主は1月1日から3月31日まで。法人は課税期間の末日の翌日から2カ月以内。

中間申告・納付　直前の課税期間の消費税額が48万円を超える事業者は、中間申告と納付が必要。

納税地　一般的に住所地が納税地になる。日本国内に住んでいる場合、住民票に記載されている場所が納税地。日本国外に住んでいても、1年の半分以上を日本で生活している場合は、その住居が納税地になる。

CONTENTS

Part 1
インボイス制度で
個人事業主＆フリーランスはどうなる？

Part 2
これだけは知っておきたい
インボイス制度の心得

Part **3**

これだけは知っておきたい
個人事業主&フリーランスの消費税

CONTENTS

Part 4
インボイスを受け取ったときの
経費のさばき方

Part **5**

電子帳簿保存法についても
おさえる!

CONTENTS

Part 1

インボイス制度で
個人事業主&
フリーランスはどうなる?

「インボイス制度」とは、
2023年10月1日から始まった消費税の新しいルール。
実はややこしい、この制度。
免税事業者のあり方も変わらざるを得ないのが現状……。
Part 1では、知らないと絶対に損をする
インボイス制度と消費税のアレコレをご紹介!

インボイス制度と消費税の関係って、そもそも何？

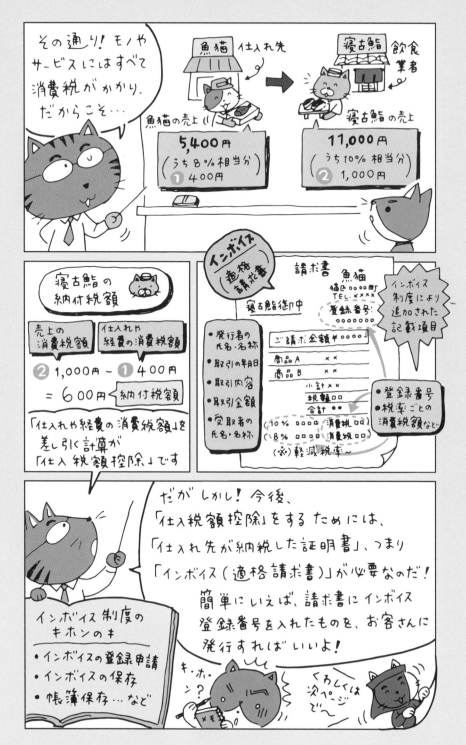

01 インボイス制度って、そもそも何ですか?

「インボイス制度」は2023年10月1日から始まった消費税に関するルールです。簡単にいうと、インボイスとは「私はお客様から受け取った消費税を自分の売上にしないで、国へ納付しています」という証明書です。

○ 消費税のルールが変わり「インボイス制度」が始まった

世間では「インボイス」という呼び名だけが広まり、「結局、インボイスで私たちの仕事や収入のあり方はどう変わるの?」と、漠然とした不安を抱く個人事業主やフリーランスの方は多いと思います。

「インボイス制度」とは、2023年(令和5年)10月1日から始まった消費税のルールです。正式名称は「適格請求書等保存方式」です。

インボイス制度の「インボイス」は国が認めた請求書の形式のことです。正式名称は「適格請求書」ですが、本書ではわかりやすく"インボイス"という呼び方を使います。

簡単にいえば、**「インボイス制度」とは、これまでの消費税のルールが変わり、「インボイス(適格請求書)」という様式の請求書を受け取らないと、その請求書のために支払った消費税を、納付する消費税計算の際に、控除できない(差し引けない)とする制度です。**

「えっ、これまで消費税の控除をしたことがない」という個人事業主やフリーランスの場合、そもそも「消費税の控除」ということに疑問をもたれるかもしれません。実は、インボイス制度導入によって、消費税の控除方法が変わったところに、ややこしい点があります。したがって、これまでの免税事業者のあり方も変わらざるを得ないのが現状です。

○ 会社は取引先からインボイスをもらいたい

インボイス制度について、個人事業主やフリーランスが何よりも気がかりなのは、課税事業者であるお客様との関係だと思います。

なぜならば、**お客様から「インボイスを発行してもらいたい」と望まれ**るようになるからです。

　というのも、インボイス制度は、免税事業者である個人事業主やフリーランスが**インボイスを発行できないと**、お客様が国に納めるべき消費税を計算する際に、その取引において支払った消費税分を差し引くこと（仕入税額控除）ができなくなってしまうからです 27ページ参照。つまり、**取引先の会社が免税事業者へ支払った分の消費税も負担して、国に納付する**ということになってしまいます。お客様の立場で考えれば、「二重払いだ！」という気持ちになるのは容易に想像できます。

　そのためインボイスを発行できない**「免税事業者」**との取引は、お客様である会社にとって損になり、**免税事業者はお客様から仕事を頼まれなくなる可能性**が出てしまいます。なお、ここでいう「お客様」とは、**納税義務のある課税事業者**に限定され、免税事業者や一般消費者の場合は上記のケースには含まれません。

○　課税事業者と免税事業者とは？

　さて、「課税事業者」と「免税事業者」という言葉が何度か出てきましたが、両者の違いについて、ちょっと説明しておきましょう。

　日本の事業者は、課税事業者と免税事業者の2種類に分かれます。課税事業者とは「消費税を納付する義務がある事業者」、一方、免税事業者とは「消費税を納付する義務が免除されている事業者」をいいます。

課税事業者と免税事業者

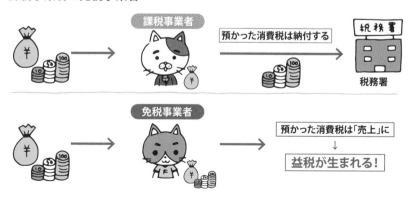

　まず、**前々年の年間売上**（消費税がかかる「課税売上」）が**1,000万円を超えたら、自動的に課税事業者**になります。

　日本にある大企業や中小企業の場合、ほとんどが課税事業者です。課税事業者は、お客様から受け取った**消費税を国へ納付する義務**があります。

　一方、前々年の年間売上が少ない個人事業主やフリーランスで、年間売上が1,000万円以下の場合、**免税事業者**になります。

　よって、免税事業者として働いている個人事業主やフリーランスには、**消費税の納税義務はありません。**

　今まで、免税事業者は、お客様から受け取っていた消費税を**自分の売上、つまり「儲け」**と考えていたと思います。

　この儲け、実は**「益税」**といわれています。国がインボイス制度を始める大きな目的の1つは、長年、**免税事業者から徴収し損ねていた益税をなくすこと**です。

　正直な話、売上が伸びているわけでもないのに、益税と呼ばれる「儲け」がなくなることは、個人事業主やフリーランスにとって、頭を悩ます問題です。

　しかも、インボイス制度によって、仕事のあり方や収入などに変化が起こり得ると、さまざまな不安を感じている方もいらっしゃるでしょう。

　そんな状況を打破するためにも、インボイスと消費税についてのちょっとした知識を身につけて、あなたの仕事や収入を守っていきませんか!?

　少なくとも、無用な不安からは解放されるはずです。

　それでは、インボイスの基本のキを説明していきましょう。

○　インボイスをめぐる3種類の事業者

　インボイス制度が始まり、個人事業主やフリーランスを含む、すべての事業者は次の3種類に分かれています。

事業者は3種類に分かれる

事業者は3種類	内 容
インボイス登録した課税事業者	インボイスを発行できる。消費税を納付する義務がある
インボイス登録していない課税事業者	インボイスを発行できない。消費税の納税義務がある。現在すでに課税事業者であっても、税務署でインボイス登録の手続きを新たにしないと、インボイス発行事業者にはなれない
免税事業者	インボイスを発行できない。納税義務はない

　3種類のうち、どの道を選ぶのかは**あくまで本人の自由**です。

　しかし他に代わりのない、**オンリーワンの価値をもつ事業者**でない限り、「インボイス登録した課税事業者」でなければ、**お客様から仕事を頼まれにくくなる**かもしれません。

　そうならないためにも、あなたの仕事の業態や、お客様との関係を考えた上で選択する必要があります。詳しくは Part 1-04 でご紹介します。

○　インボイスを発行するには？

　2023年10月1日以降は、**インボイスと呼ばれる請求書**と、**それ以外の請求書**が混在することになります。

　一見同じような請求書ですが、主な違いは、インボイスには**「登録番号」が記載されている**ことです。

　この登録番号は、**事前に税務署に届出して「インボイス発行事業者」の資格を得た「課税事業者」**のみに国が与えるものです。

　わかりやすくいうと、インボイスは「私はお客様から受け取った**消費税を自分の売上にしないで、国へ納付しています**」という**証明書**です。

　つまり、免税事業者である個人事業主やフリーランスは、取引先の会社やお客様からインボイスの発行を求められても、発行することはできません。

○ インボイス制度で請求書が変わる!?

インボイス制度によって、一番わかりやすく変わるのが請求書です。

2019年10月1日以降、生活必需品や飲食料品など一部の商品には8％の軽減税率制度が適用され、それ以外は10％と消費税が定められています。

2019年9月30日までは、すべての商品の消費税率が等しかったので、**「請求書等保存方式」**で求められたシンプルな請求書でもよかったのですが、軽減税率制度導入後は異なる税率の商品を同時に購入しても、対応できる**「区分記載請求書」**という形式の請求書が使われるようになりました。身近なものだと、買い物したときのレシートを見るとよくわかると思います。

百聞は一見にしかずというわけで、2019年以前の「請求書等保存方式」、2019年以降の「区分記載請求書等保存方式」、さらに2023年10月から始まった「適格請求書等保存方式（インボイス制度）」を比較して、これまでの請求書と何が変わったのかを見てみましょう。

「請求書等保存方式」(2019年9月30日まで)

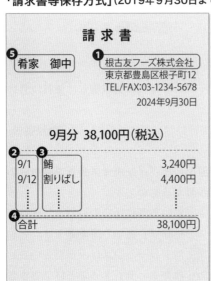

次のことが書かれていれば形式は自由

❶請求書発行者の氏名または名称

❷取引年月日

❸取引内容

❹取引の合計金額（税込）

❺請求書を発行される者の氏名または名称

「区分記載請求書等保存方式」(2019年10月1日から)

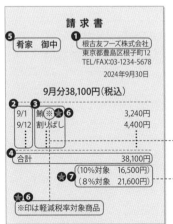

●がついているのが「請求書等保存方式」からの変更点

❶請求書発行者の氏名または名称

❷取引年月日

❸取引内容

❹取引の合計金額(税込)

❺請求書を発行される者の氏名または名称

❻軽減税率対象品目に「※印」などの記号を記載。「※印」が軽減税率対象品目を表すことも記載

❼税率ごとに区分した合計金額(税込)

「適格請求書等保存方式(インボイス制度)」(2023年10月1日から)

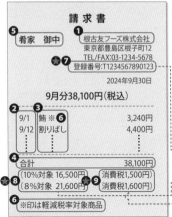

●がついているのが「区分記載請求書等保存方式」からの変更点

❶インボイス発行事業者の氏名または名称

❷取引年月日

❸取引内容

❹取引の合計金額(税込)

❺請求書を発行される者の氏名または名称

❻軽減税率対象品目に「※印」などの記号を記載。「※印」が軽減税率対象品目を表すことも記載

❼インボイス発行事業者の登録番号

❽税率ごとに区分した合計金額(税込または税抜)及び適用税率

❾税率ごとに区分した消費税の合計金額

ポイント

インボイスを発行できない「免税事業者」との取引は、取引先の会社にとって損になり、免税事業者はお客様から仕事を頼まれなくなる可能性が出てしまう!?

02 消費税って、そもそもどんな税金?

消費税は、日本におけるすべての人や会社に対して、モノやサービスの取引にかかる税金です。私たちが消費税から逃れることができないのは、実はこの税金が「間接税」だからです。

○ 消費税からは逃れられない!

　日本に住んでいる私たちは、あらゆるものに税金を支払っています。次の表は税の種類です。

税の種類

税の種類	国 税	地 方 税
所得課税	所得税、法人税、地方法人税、特別法人事業税、復興特別所得税	住民税、事業税
資産課税等	相続税、贈与税、登録免許税、印紙税	不動産取得税、固定資産税、特別土地保有税、法定外普通税、事業所税、都市計画税、水利地益税、共同施設税、宅地開発税、国民健康保険税、法定外目的税
消費課税	消費税、酒税、たばこ税、たばこ特別税、揮発油税、地方揮発油税、石油ガス税、航空機燃料税、石油石炭税、電源開発促進税、自動車重量税、国際観光旅客税、関税、とん税、特別とん税	地方消費税、地方たばこ税、ゴルフ場利用税、軽油引取税、自動車税（環境性能割・種別割）、軽自動車税（環境性能割・種別割）、鉱区税、狩猟税、鉱産税、入湯税

（引用文献：財務省「税の種類に関する資料」、https://www.mof.go.jp/tax_policy/summary/condition/a01.htm）

　そもそも税金は、私たちの生活を維持するために国へ納めるお金です。
　これらのあらゆる税金は、義務教育、公共事業、国民医療費、年金、警察・消防・国防費、ゴミ処理費、経済協力費などに使われています。
　税金には国に納める**国税**と、地方公共団体に納める**地方税**があります。また、納め方によって**直接税**と**間接税**に分類されます。

所得税や住民税は直接税で、個々の収入に応じた税率で計算し、税金を国や地方公共団体へ直接納めます。

　一方、すべての人が日常的に支払っている**消費税は間接税**です。税金を負担する人ではなく、別の事業者などが納める税金を**間接税**といいます。

　例えば、ある販売店（課税事業者）が1,000円の商品に消費税10%を上乗せし、お客様（消費者＝消費税負担者）から1,100円を受け取った場合、お客様は販売店に消費税100円を支払う（消費税を負担する）ことになります。この消費税100円は販売者が一時的に消費者から預かり、消費税計算をしたあとに、国や地方公共団体に納付することになります。

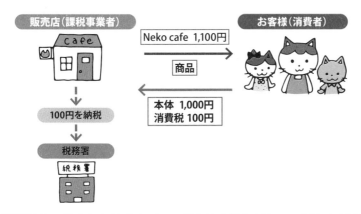

　消費税は、日本におけるすべての個人や会社に対して、ほとんどの購買取引にかかる税金です。ご存じの通り、私たちはこの支払いから逃れることはできそうにありません。かなり幅ひろい税金であるにもかかわらず、**私たちが逃れることができないのは、この税金が間接税だからです。**

　間接税の徴収は取引の販売者となる事業者に委ねられているため、**取り漏れがあろうものなら、その事業者の損失につながってしまいます。**そのため、とりっぱぐれもほとんど起こりません。国や地方公共団体からすれば、消費者から徴収した消費税について、あとは事業者がきちんと消費税の確定申告をして納付さえすれば、課税から納付までが完結するというわけです。消費税の確定申告は課税事業者の義務であり、さぼれば国から直接目をつけられますので、事業者も確定申告をして納付することから逃れることはできません。実によく考えられた仕組みです。

○ 消費税のルールは何度も変わってきた

1989年、日本に消費税が導入されてから30数年が経ちます。その後、消費税のルールはたびたび変わり、最初は税率が3％でしたが、段階的に5％、8％、10％へと上がっていきました。

2019年の秋に税率を10％に引き上げたときも国民から猛反発があり、国は妥協策として、日常的に購入が必要な飲食料品や新聞などに限って税率を8％のまま据え置きました。そのため現在は8％と10％の異なる税率が同時に存在し（複数税率）、事業者が計算を間違えないよう、税率ごとに項目を分けて記載する「区分記載請求書」が使われています。

なぜ、消費税はどんどん上がるのでしょうか？ 国は消費税の使い道を社会保障費だといっています。日本は少子高齢化で社会保障費の予算が増え続け、財源が足りていません。本来なら財源になるはずの法人税は、国内企業が国際競争で勝ちやすくするために下げられ、あてにできません。

そこで、国は消費税の税率を上げるのみならず、インボイス制度を導入して、消費税の徴収額をもっと増やそうとしています。

将来さらに消費税率は上がり、今とは別の複数税率が用いられる可能性もあります。もしそうなっても、国にとってはインボイス制度が浸透していれば、消費税を明確に計算しやすくなるという利点を期待しています。

○ 課税事業者にとっては「仕入税額控除」が大事！

多くの事業者にとって、節税は重大なテーマです。特に会社の売上が伸び悩みつつある状況下では、「少しでも手残りを増やしたい」と、できるだけ税金の出費は少なくしたいところです。インボイス制度が導入された今、インボイスを受け取り「仕入税額控除」ができるか否かが、**消費税の節税を考える上での大きなポイント**になります。

例えば、A会社が商品を製造するための材料を、仕入れ先Bから買った場合、**「商品を販売して消費者から受け取った消費税」**から**「仕入れ先へ支払った消費税」**を差し引いた**「残りの消費税額」**を国へ納めます。

その際、仕入れ先Bからインボイスが発行されなければ、「売上の消費

税から仕入れのために支払った消費税を差し引く」ことはできません。

この「仕入れ先へ支払った消費税を差し引くこと」を**「仕入税額控除」**といいます（ Part 3 で詳しく解説します）。

NECO社の納付税額

❷1,000円 − ❶500円 = 500円

| 売上の消費税額 | 仕入れや経費の消費税額 | 納付する税額 |

　課税事業者は消費税の納付負担を少しでも減らす、つまり仕入税額控除をするために、自分が仕入れ先に支払った消費税額を証明する必要があります。これまでは、区分記載請求書やその他の資料が消費税額を証明する役割を果たしていましたが、2023年10月1日からは、唯一インボイスがこの役割を果たせます。つまり**事業者は2023年10月1日以降、取引先からインボイスをもらわないと仕入税額控除ができなくなりました。**

2023年10月から仕入税額控除できる請求書等は「インボイス」のみに変わった

ポイント

すべての人が日常的に支払っている消費税は「間接税」。
間接税の徴収は取引の販売者となる事業者に委ねられているので、とりっぱぐれもほとんど起こりません。

03 課税事業者が納める消費税 はどうやって計算するの?

個人事業主やフリーランスであっても、課税事業者に該当するようになれば消費税の計算をして、納付することが必要になります。計算方法には、「一般課税」と「簡易課税」そして、期間限定の「2割特例」があります。

○ 消費税の計算はすべての事業者に関係あるの?

消費税を計算し、納める必要があるのは「課税事業者」のみです。

課税事業者とは、年間売上（厳密には前々年の「課税売上」）が1,000万円超えの事業者と、本当は免税事業者でもいいのに、あえて自己選択して課税事業者になっている事業者です。

加えて、これからは**インボイス登録した免税事業者も課税事業者**になります。

つまり、個人事業主やフリーランスであっても、課税事業者に該当するようになれば、消費税の計算をして納付することが必要になります。

○ 消費税の計算方法は原則、「一般課税」と「簡易課税」

消費税は、シンプルにお客様や取引先がモノやサービスを買ったときに支払った10％（または8％）を、事業者がそのまま税務署へ納付している、と思われているかもしれません。

実は、**そのようにシンプルでないのが消費税計算の実務です。**
「納付する消費税」 は、お客様から売り上げたときに **「預かった消費税」** から、あなたが事業で仕入れや経費に **「支払った消費税」** を差し引いた金額として算定します。

もう少し具体的に消費税の計算方法を見てみましょう。

消費税の計算方法には、**「原則的な消費税の計算方法（一般課税）」** と **「簡易な消費税の計算方法（簡易課税）」** の2つがあります（ Part 3 で詳しく解説します）。

一般課税（原則課税）では、**「納付税額＝売上の消費税額（売上税額）－仕入れや経費の消費税額（仕入税額）」** として納付税額を算定します。

一般課税の消費税額の計算方法

①売上にかかった消費税額の計算方法

| 売上の合計 | × | **10%**（または**8%**） | ＝ | 売上の消費税額（売上税額） |

②仕入れや経費にかかった消費税額の計算方法

| 仕入れ等の合計 | × | **10%**（または**8%**） | ＝ | 仕入れ等消費税額（仕入税額） |

2023年10月1日以降はインボイスを受領した取引のみ、仕入税額に含めることができる

③売上税額から仕入税額を引くと納付税額

| 売上の消費税額（売上税額） | － | 仕入れ等消費税額（仕入税額） | ＝ | 納付する税額（納付税額） |

売上にかかった消費税額から仕入れ等にかかった消費税を引く

　一方、仕入れや経費の消費税を計算するためには、日々の経理処理や大量の集計作業が必要となり、事業者にとっては負担も大きいです。

　そこで、年間売上（厳密には前々年の「課税売上」）が5,000万円以下の事業者には**「簡易課税制度」**を適用した計算方法も認められています。

　簡易課税では、業種ごとに定められた**「みなし仕入率」** 109ページ参照 を用いて、仕入税額の計算をします。よって、一般課税とは違い、仕入れや経費の消費税の計算をいちいちしなくても大丈夫です。

　例えば、小売業の人が簡易課税を用いる場合、小売業は第2種事業に該当するので、みなし仕入率は80％となり、次の計算式になります。

　なお、簡易課税を選択する場合には、事前に**「消費税簡易課税制度選択届出書」** 204ページ参照 を税務署に提出する必要があります。

　簡易課税を選択すると2年間は変更できないので、事前によく考えてから選択しましょう。

簡易課税の計算方法(簡易課税制度)

①売上にかかった消費税額の計算方法

| 売上の合計 | × | **10%**（または**8%**） | ＝ | 売上の消費税額（売上税額） |

↓

②売上の消費税額(①)にみなし仕入率をかける

| 売上の消費税額（売上税額） | × | **80%**（みなし仕入率） | ＝ | 仕入れ等でかかったとみなす消費税額（仕入税額） |

↓

③売上税額から仕入税額を引くと納付税額

| 売上の消費税額（売上税額） | － | 仕入れ等でかかったとみなす消費税額（仕入税額） | ＝ | 納付する税額（納付税額） |

○ 期間限定の消費税の計算方法「2割特例」

　免税事業者であった個人事業主やフリーランスがインボイス発行事業者になった場合、**2023年10月1日から2026年12月31日までの期間**は、売上税額の2割を納付する「**2割特例**」が選択できます。

　2割特例で消費税の申告を行う場合、以下のように、**課税売上高に20%をかけて納付税額を出すだけ**なので、簡易課税と同様、計算がラクであり、業種によっては簡易課税よりも得することがあります。2割特例の計算方法は次の通りです。

2割特例の計算方法

$$\text{売上の合計} \times \frac{10}{110} \text{または} \frac{8}{108} \times 20\% = \text{納付する税額（納付税額）}$$

　2割特例を選択する場合は、「第一表　課税期間分の消費税及び地方消費税の確定申告書」の「税額控除に係る経過措置の適用（2割特例）」に「○」を入れてください 195ページ参照。

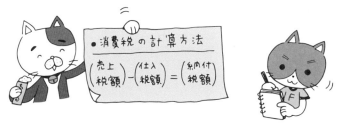

ポイント

免税事業者であった個人事業主やフリーランスがインボイス発行事業者になった場合、2023年10月1日から2026年12月31日までの期間は「2割特例」が選択できます！

04 免税事業者が課税事業者になるか 迷った際のベストな対応は?

免税事業者がインボイス発行事業者になるかどうかは任意です。
インボイス発行事業者になるべきか……、と迷っている個人事業主や
フリーランスは、ここで一緒に考えてみましょう。

○ 免税事業者はインボイス発行事業者になったほうがいいの?

　現在は免税事業者で、インボイス発行事業者になるとすでに決めている
人は、 Part 2 へ進んで具体的な準備を始めましょう。

　でもまだ、どうすべきか迷っているという個人事業主やフリーランスは、
ここで一緒に考えてみましょう。あなたから製品やサービスを購入するお
客様の中には、課税事業者がいますか?　もし1社でもいるならば、その
お客様は仕入税額控除のために、あなたからインボイスを発行してもらい
たいと望む可能性が高いです。

事業者タイプでインボイス発行事業者になるかを選択

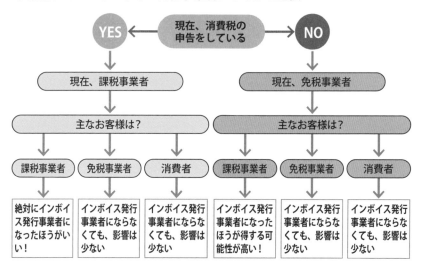

お客様からインボイスを要求されないケースはあるの？

といっても、お客様からインボイスを要求されないケースもあります。

例えば、**お客様が一般消費者か免税事業者であれば、**相手は消費税を納付する必要がないので、**インボイスは不要**となります。また**お客様が簡易課税制度を選択している場合も、インボイスは不要**です。

つまり、自分がインボイス発行事業者になるべきか迷うとき、ベストな方法はお客様に聞いてみることです。

もし、お客様から「あなたからインボイスをもらう必要がない」といわれたら、他にお客様を増やす予定がない場合は、免税事業者のままでも大丈夫でしょう。

インボイスは自分の事業の問題だけではなく、**「お客様との関係に大きな影響を与える問題でもある」**ということをぜひ覚えておいてください。例えば、消費税率が将来さらに上がることがあれば、課税事業者である会社はインボイスをもらえないと、納付税額がさらに増えて困ってしまいます。

主なお客様の種類は？

免税事業者

➡インボイス登録不要

課税事業者

➡インボイス登録したほうがいい
（お客様が簡易課税制度を
選択していれば不要）

インボイス制度における「経過措置」とは？

そうはいっても、これまで免税事業者で消費税を納付しなくてもよかったのに、急に課税事業者になって消費税を納める義務を負うことに抵抗を感じる人もいると思います。あるいは他の事情で、今すぐインボイス登録できない人もいるかもしれません。

もし2023年10月以降も免税事業者のままでいたら、お客様である課税事業者にどれくらい迷惑がかかるのか心配な人もいるかと思いますが、実はしばらくの間は経済的な迷惑は限定的なものになります。

なぜならば、**インボイス制度が始まって6年間は「経過措置」が設けられ**ているからです。

経過措置によると、仕入れ先がインボイス発行事業者ではなくても、課税事業者は仕入税額のうち**一定割合を一定期間に限り、控除**できます。

具体的には、2023年10月1日〜2026年9月30日の免税事業者からの課税仕入については**80%控除**でき、2026年10月1日〜2029年9月30日の免税事業者からの課税仕入については**50%控除**できます。

その後は経過措置が終了するので、インボイスなしでは仕入税額控除が一切受けられなくなります。

インボイス登録について、まだしばらく迷いたいという人は、経過措置の期間が終わるまでに登録するかどうかを決めましょう。

経過措置の期間

2023年10月1日 インボイス制度スタート	2026年10月1日	2029年9月30日
最初の3年間 免税事業者からの仕入れであっても、80%控除される	次の3年間 免税事業者からの仕入れであっても、50%控除される	2029年10月1日からは控除なし

経過措置

○ インボイスを発行できない免税事業者の未来はどうなる?

日本ではインボイス制度を初めて導入したので、もう少し様子を見ないとわからないことがたくさんあります。

しかし大半の会社が仕入れ先からインボイスをほしがることは、ほぼ確実です。したがって、個人事業主やフリーランスといった免税事業者がインボイス発行事業者にならざるを得ないことが予想されます。

　お客様である課税事業者の立場で考えると、仕入れ先が代替できない唯一無二の商品やサービスを提供しているのであれば、免税事業者であっても仕方がないと思うかもしれません。

　とはいえ、他にも似た商品やサービスを提供する事業者がいるならば、インボイス登録した課税事業者と取引したいと考えるでしょう。

　何度もいいますが、2023年10月１日以降はインボイスがないと、消費税計算において、仕入れや経費で支払った消費税を差し引けなくなります。つまり、**お客様である課税事業者は、実際に支払うべき消費税額よりも多い消費税額を負担して支払い、損することになります。**

　これは大げさな話かもしれませんが、インボイス登録していない個人事業主やフリーランスは大きなハンディを負い、本当に仕事がなくなるかもしれません。

　例えば、企業が委託案件を募集するとき、インボイス登録していることを条件にあげるようになることも考えられます。

　新規取引の場合は、なおさらインボイス登録していることが有利になるでしょう。

　飲食業界でも、グルメレビューサイトに「インボイス登録店」という欄が新たにできる可能性もあります。

　なぜなら、会社の接待や忘年会などで飲食店を利用したとき、店がインボイスを発行していれば、今までと変わりなく飲食代を経理処理することができるからです。その一方、インボイス登録していない店は、仕入税額控除ができなくなるので、選ばれにくくなってしまう恐れがあります。

ポイント

インボイス制度が始まって6年間は「経過措置」が設けられています。インボイス発行事業者になるか迷っている人は、その間にどうするかを決めましょう！

Part **1** インボイス制度で
個人事業主&
フリーランスはどうなる?

ふりかえり

2023年10月1日から消費税のルールが変わり、インボイス制度がスタートした。

これまで売上1,000万円以下の免税事業者は、お客様からもらった消費税を納付しなくてよかった。しかしインボイス制度のもとでは、それができなくなることもあり得る。

インボイス制度が始まった今、課税事業者は仕入れ先からインボイスを発行してもらわないと、原則として仕入税額控除ができない。

免税事業者がインボイス登録すると、売上に関係なく課税事業者になる。つまり消費税の納税義務が発生する。

免税事業者がインボイス発行事業者になるべきか迷ったら、お客様にどうしてほしいか尋ねてみる。

インボイス制度開始から6年間は、経過措置がある。これによって課税事業者は、仕入れ先が免税事業者であっても、一部だけ仕入税額控除を適用できる。

免税事業者はお客様に課税事業者がいたら、インボイス登録したほうがいい。
ただしお客様が簡易課税制度を選択していたら、登録は不要。

これだけは知っておきたい
インボイス制度の心得

「インボイス」と一口にいっても、
「登録申請」「インボイスの書き方と発行方法」
「消費税の端数処理」など……やることがいっぱい。
Part 2では、これだけは知っておきたい
インボイス制度のアレコレをご紹介！

インボイス登録する、しない、どっち！

インボイス登録しないと、損するって、本当ですか？

う〜ん、BtoBの仕事の人はインボイス登録したほうが安全かも

会社

webデザイナー

お店などのBtoCなら免税事業者のままでOKですか？

ケーキ

これもときと場合によるかも。たとえば会社員の人が経費を使う場合、インボイスではない領収書だと消費税が控除されないからね

も〜、インボイスに登録するの、しないのどっち？

ずばり、インボイスに登録していないと取引先に迷惑をかける場合がある！

インボイスに登録していないと、取引先にインボイスを発行できない。そうなると取引先は仕入税額控除ができない。取引先は自分の会社が支払った消費税プラス購入先の消費税も負担しなければならない。つまり、取引先の納税額が大きくなる！コレキツいよね〜

取引先

税 税

…だから、インボイス登録しないと仕事が減る、ってことですか!?

取引先

サヨナラ…

実際、その一面は否めないよね

じゃあ、絶対とらなきゃ駄目じゃないですか!?

うむ。インボイス登録することで、未然に仕事の減少や取引先からの買い叩きは防げる

だがしかし!インボイス登録するということは…

免税事業者 → インボイス登録 = 課税事業者

ガーン

免税事業者はこれから消費税を納める「課税事業者」になる!

課税事業者!!!

税

Free

今後、インボイス登録して、課税事業者になったほうがトクなことが多いかも

本当ですか〜

では、不安解消のためにも、インボイスのアレコレについて、くわしく説明しましょう

ふむふむ

インボイス

01 インボイス登録の申請は どうすればいい?

2021年10月1日から2029年9月30日までの間は
「適格請求書発行事業者の登録申請書」の1点だけを提出すれば、
インボイス発行事業者になれます。

○ インボイス発行事業者になるには?

インボイス発行事業者になりたい人は、登録申請を行いましょう。

登録申請とは「インボイス発行事業者」になるための手続きです。この手続きを踏まなければ、たとえ年間1,000万円超えの売上がある課税事業者でも、インボイス発行事業者としてお客様にインボイスを発行できません。

もちろん、免税事業者もインボイスは発行できません。

インボイスを発行したい事業者は次のような流れで、**必ず「適格請求書発行事業者の登録申請書」**を作成して、登録手続きを行いましょう。

個人事業主・フリーランスがインボイス発行事業者になるスケジュール

STEP 1	STEP 2	STEP 3
「適格請求書発行事業者の登録申請書」の作成	税務署へ提出	お客様へ報告

○ 「適格請求書発行事業者の登録申請書」の1点だけで課税事業者!?

本来ならば、個人事業主やフリーランスといった免税事業者がインボイス発行事業者になる場合、**「消費税課税事業者選択届出書」**を提出して、

課税事業者になる必要がありました。

　そのルールが一転、2021年10月1日から2029年9月30日までの間（厳密には「登録日」が2029年9月30日を含む課税期間中、つまり個人事業主やフリーランスであれば2029年12月31日まで）は**経過措置（特例）**が設けられ、**「適格請求書発行事業者の登録申請書」の１点だけを提出すれば、インボイス発行事業者になれます。**

　ここでいう経過措置とは、課税事業者になるための「消費税課税事業者選択届出書」を省略して、経過措置の期間内であれば「適格請求書発行事業者の登録申請書」だけで課税事業者になれることです。また、経過措置が適用されると同時に課税事業者へ切り替わります。

経過措置で登録申請する場合

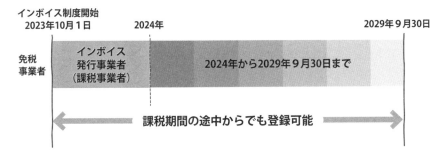

ちなみに、これまで免税事業者であった個人事業主やフリーランスは、**適格請求書発行事業者登録簿へ登録がされた時点で課税事業者になる**ので、**消費税の申告が必要**になります。

ポイント

インボイス登録の手続きを踏まなければ、たとえ年間1,000万円超えの売上がある課税事業者でも、インボイス発行事業者としてお客様にインボイスを発行できません。

02 インボイス発行事業者の登録申請をする

インボイスを発行するためには、事前に税務署へ「適格請求書発行事業者の登録申請書」を提出して、インボイス発行事業者になる必要があります。登録が受理されたら、インボイスに記載する登録番号が与えられます。

○ 「適格請求書発行事業者の登録申請書」を作成して提出

インボイス発行事業者になりたい事業者は、**「適格請求書発行事業者の登録申請書」**を作成し、提出する必要があります。

「適格請求書発行事業者の登録申請書」の作成には、**2つの方法**から選べます。

1つ目は、「適格請求書発行事業者の登録申請書」を税務署から入手するか、国税庁のウェブサイトからダウンロードしたデータを紙に印刷し、必要事項を記入する方法です。

2つ目は、PCやスマートフォンなどを利用して、**「e-Tax」**で「適格請求書発行事業者の登録申請書」のウェブサイトにログインし、画面に表示された質問に回答して、登録申請を完了させる方法です。

なお、e-Taxの場合は、事前に電子証明書（マイナンバーカードなど）や利用者識別番号が必要になるので用意しておきましょう。

登録申請書を作成したら、**紙による申請の場合は「インボイス登録センターへ郵送」または、「所轄税務署へ持参」**して提出します。

e-Taxによるデータ申請の場合は、そのまま「e-Tax」により登録申請書を提出します。

申請方法は3種類

郵　送	税務署の窓口へ持参	e-Taxで電子申請

「適格請求書発行事業者の登録申請書」を税務署から入手するか、国税庁のウェブサイトからダウンロード	「適格請求書発行事業者の登録申請書」を税務署から入手するか、国税庁のウェブサイトからダウンロード	PCやスマートフォンなどを利用して「e-Tax」で「適格請求書発行事業者の登録申請書」のウェブサイトにログイン（事前に、電子証明書［マイナンバーカードなど］や利用者識別番号を用意）
作成	作成	画面に表示された質問に回答
「インボイス登録センター」へ郵送で提出	税務署の窓口へ持参	「e-Tax」で登録申請完了。登録通知書の電子での通知を事前に希望すると、後日、メッセージボックスに登録番号等が記載された登録通知書がデータで届く

○　インボイス発行事業者の登録完了はどう通知されるの？

　登録申請後、税務署の審査を経てインボイス発行事業者として登録された場合、**「登録通知書（登録番号や登録年月日、公表情報などが記載）」**が**紙**、または**電子データ**で届きます（電子データは、登録申請書をe-Taxで提出し、電子での通知を希望した場合）。

　基本的には登録を拒否されることはありませんが、例外として、登録を受けようとする事業者が消費税法に違反して罰金以上の刑を受け、その執行が終わってから２年以内だった場合、拒否される可能性があります。

　登録申請書を紙で登録申請した場合、登録番号等が記載された登録通知書が紙の書面で届きます。

「登録通知書」のイメージ

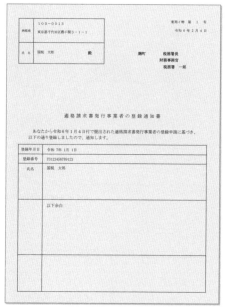

（引用文献：国税庁、軽減税率・インボイス制度対応室「適格請求書発行事業者の登録申請データ作成マニュアル〜 e-Taxソフト（WEB版）」令和5年9月、https://www.nta.go.jp/taxes/shiraberu/zeimokubetsu/shohi/keigenzeiritsu/pdf/invoice_shinei08.pdf）

　e-Taxで登録申請した場合は、登録番号などが書かれた電子データか、紙の書面で届きます。なお、電子データでの通知を希望する場合は、e-Taxで申請中に「登録通知データの受領方法について電子データで受け取るかどうかの希望」の確認画面が表示されるので、**「希望する」を選択**して申請してください。

e-Taxの場合の登録通知書の受け取り方

「登録通知書の電子通知」の希望の有無	通知方法
「登録通知書の電子通知」を希望する	登録番号などが書かれた通知が電子データで届く
「登録通知書の電子通知」を希望しない	紙の書面で届く

電子データで通知を受け取るメリットとしては、**書面通知よりも早く登録通知を受け取れること**、**紛失の恐れがないこと**、届いた登録通知データをそのままメールに添付すれば、**お客様へもラクに連絡できることが**あります。登録申請書を提出してから**登録の通知を受けるまでの期間**は、**書面で提出した場合1カ月程度、e-Taxで提出した場合も1カ月程度**と見込まれているので、なるべく早めに手続きをしましょう。

なお、混雑状況によって見込期間は変更される場合があるようです。その時々の状況は国税庁の「適格請求書発行事業者公表サイト」に掲載されているのでご確認ください。

○ 登録番号はTで始まる13桁の数字

登録番号は「**T（ローマ字）で始まる13桁の数字**」です。**法人の場合は「T＋13桁の法人番号」**になります。

個人事業主やフリーランス、または社団法人や財団法人、組合や学校のPTAなどの団体（人格のない社団法人）の場合は「**T＋13桁の数字**」です。この数字は、マイナンバーとは無関係の13桁が割り当てられます。

個人事業主・団体と法人の登録番号

個人事業主・団体など （法人番号がない）	法人（法人番号がある）
「T＋13桁の数字」	「T＋13桁の法人番号」

＊なお、13桁の数字にはマイナンバーは不使用。法人番号も事業者ごとの番号

ポイント

これからインボイス発行事業者になりたい事業者は、「**適格請求書発行事業者の登録申請書**」を作成し、提出しましょう。

03 いつから インボイス発行事業者になる?

「消費税が控除できるか、できないか」はお客様にとって大きな問題です。今後、「仕入税額控除が認められるインボイス発行事業者としか仕事をしない」とお客様側が選択する可能性も……。

○ 「登録日」からインボイス発行事業者に

税務署が適格請求書発行事業者登録簿に事業者を記載した日、つまり**「登録日」からインボイス発行事業者**になります。

個人事業主やフリーランスがインボイス発行事業者になった場合、お客様から「請求書はインボイスにしてね」といわれても、心置きなくインボイスを発行できます。ちなみに、登録通知書がなかなか届かず、月末をまたいでインボイスではない請求書を発行する場合もあると思います。その際は、区分記載請求書 23ページ参照 を発行しましょう。

後日、登録通知書が届いてから、登録日以降に発行した区分記載請求書がないかを見直し、該当するものがあれば改めてインボイスに差し替えてお客様へ再送します。「消費税が控除できるか、できないか」は、お客様にとって大きな問題です。今後、「仕入税額控除が認められるインボイス発行事業者としか仕事をしない」とお客様側が選択する可能性もありますので、この辺もぬかりなく対応しましょう。

なお、インボイス登録日については次の通りです。

- 登録申請書に「登録希望日(提出した日から15日を経過する日以降の日)」を記載
- 「登録希望日」が登録日となる(登録希望日後に登録が完了した場合でも、登録希望日を登録日とみなす)

経過措置で登録申請する場合

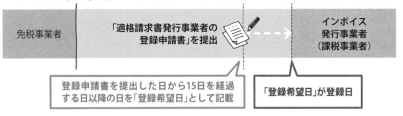

インボイス制度開始　　　　　　　申請提出日　　登録希望日
2023年10月1日　　　　　　2024年1月1日　2024年1月16日

| 免税事業者 | 「適格請求書発行事業者の登録申請書」を提出 | インボイス発行事業者（課税事業者） |

登録申請書を提出した日から15日を経過
する日以降の日を「登録希望日」として記載

「登録希望日」が登録日

○ 「適格請求書発行事業者」は公表される!?

　インボイス発行事業者の情報は、国税庁の**「適格請求書発行事業者公表サイト」**において公表されます。このウェブサイトは誰でも閲覧でき、確認したい登録番号で検索すれば、該当する事業者の情報を見つけられます。

　特設サイトでは、基本的に法人でない個人事業主やフリーランスに関する事務所の所在地と屋号は公開されませんが、あえて公開したい人は、**「適格請求書発行事業者の公表事項の公表（変更）申出書」** 200ページ参照 を税務署へ提出すれば公表できます。

国税庁のウェブサイト「適格請求書発行事業者公表サイト」

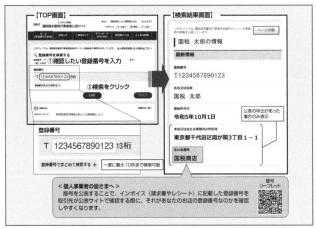

（引用文献：国税庁「適格請求書等保存方式の概要〜インボイス制度の理解のために〜」、https://www.nta.go.jp/taxes/shiraberu/zeimokubetsu/shohi/keigenzeiritsu/pdf/0020006-027.pdf）

　ただ、このウェブサイトについては、個人事業主やフリーランスが個人情報保護の観点から問題視しているのが現状です。

　例えば日本漫画協会は、ペンネームで活躍している漫画家の本名を載せることのリスクを指摘し、インボイス制度に反対する声明を出しています。確かに、会社のような法人とは違い、個人事業主やフリーランスはいついかなることでリスクを被るかがわかりません。

　国は、個人情報保護についてはより慎重に考える必要があると思います。

　この点については、今後、国税庁がどのように改善していくのかを期待したいところです。では、国税庁の「適格請求書発行事業者公表サイト」に公表されている内容を見てみましょう。個人事業主に必要な部分にはマーカーを引いておきます。

国税庁の「適格請求書発行事業者公表サイト」公表内容 (2023年11月時点)

①法定の公表事項

1. **適格請求書発行事業者の氏名*または名称**
   - 個人事業主の氏名について、「**住民票に併記されている外国人の通称**」または「**住民票に併記されている旧姓**」を氏名として公表することを希望する場合または、**氏名と併記して公表する**ことを希望する場合、登録申請書と併せて、必要事項を記載した「**適格請求書発行事業者の公表事項の公表(変更)申出書**」を提出
   - 住民基本台帳法令の規定により、やむを得ず住民票に旧姓を併記できない場合には、「適格請求書発行事業者の公表事項の公表(変更)申出書」に戸籍謄本を添付して提出することにより、旧姓(氏)での公表をすることができる。ただし、公表サイトに氏名が公表されている場合、同様の手続により旧姓(氏)での氏名の公表が可能(すでに付されている登録番号は変更されない)
     - ＊1：住民基本台帳法令の規定により、やむを得ず住民票に旧姓を併記できない場合とは、例えば、過去に住民票に旧姓を併記する手続を行い、その併記した旧姓を削除したあと、再度、氏に変更(婚姻や離婚)がないにもかかわらず、旧姓を併記しようとする場合が該当。
     - ＊2：氏名に代えて旧姓を使用するケースにおいては、「適格請求書発行事業者の公表事項の公表(変更)申出書」の記載に当たっては、「氏名に代えて公表」にチェックを入れる。
     - ＊3：e-Taxにより届出書や申出書を提出する場合は、住民票の提出は不要。ただし、戸籍謄本を添付する場合は、管轄のインボイス登録センターに郵送。
2. **法人の本店または事務所の所在地**
3. **登録番号**
4. **登録年月日**
5. 登録取消年月日、登録失効年月日

②本人の申出に基づき追加で公表できる事項

1. 個人事業主の「**主たる屋号**」「**主たる事業者の所在地等**」
2. 人格のない社団等の「**本店または主たる事務所の所在地**」
   （以上の事項について公表希望の場合は、必要事項を記載した「**適格請求書発行事業者の公表事項の公表（変更）申出書**」を提出）

「適格請求書発行事業者公表サイト」での公表イメージ

（引用文献：国税庁「消費税の仕入税額控除制度における適格請求書等保存方式に関するＱ＆Ａ」、https://www.nta.go.jp/taxes/shiraberu/zeimokubetsu/shohi/keigenzeiritsu/pdf/qa/01-05.pdf）

ポイント

インボイスの登録通知書が届いてから、登録日以降に発行した区分記載請求書がないかを見直し、該当するものがあればインボイスに差し替えてお客様へ再送しよう。

04 インボイスの書き方と発行方法とは?

そもそもインボイスには、決められたフォーマットはありません。
インボイスに必要な項目が記載されている書類であれば、これまで
使っていたフォーマットをベースにして発行できます。

○ インボイスのフォーマットは何を使えばいいの?

「インボイス」というと、「何か今までと違う新しい請求書のフォーマット（様式）を作らなければならないの?」というイメージがあるかもしれませんが、そう堅苦しく考える必要はありません。

そもそもインボイスには、決められたフォーマットはありません。**インボイスとして必要な項目が記載されている書類であれば、これまで使っていたフォーマットで構いません。**ちなみに、**書類とは「請求書・納品書・領収書・レシート」**などのことです。

あなたが今まで使用していた**区分記載請求書**や納品書、領収書、レシートなどに、**登録番号や適用税率などの新しい項目を追加**するだけです。

インボイスのフォーマットは、ワードやエクセル、会計ソフトなどで作成しても構いません。もちろん、必要な項目が記載されていれば、手書きのインボイスでも大丈夫です。

あなたの仕事に適したインボイスのフォーマットをインターネットで検索してダウンロードし、利用してもいいでしょう。

○ インボイスには「登録番号」「適用税率」などの記載が必須

インボイスには、これまでの区分記載請求書や納品書、領収書、レシートなどの書類に、必ず**「登録番号」「適用税率」「税率ごとに区分した消費税額等」**といった項目を追加で記載します。

次の「**❶❹❺**」は、「区分記載請求書」から「インボイス」に移行するに当たり、**新たに追加された項目**です。

インボイスの記載例

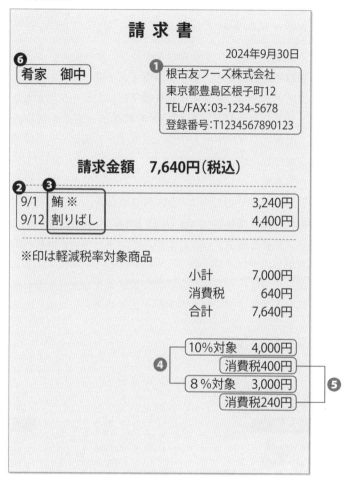

請　求　書

2024年9月30日

❻
肴家　御中

❶
根古友フーズ株式会社
東京都豊島区根子町12
TEL/FAX：03-1234-5678
登録番号：T1234567890123

請求金額　7,640円（税込）

❷　❸

9/1	鮪 ※	3,240円
9/12	割りばし	4,400円

※印は軽減税率対象商品

小計	7,000円
消費税	640円
合計	7,640円

❹
10%対象　4,000円
消費税400円
8％対象　3,000円
消費税240円
❺

Part
2

これだけは知っておきたい
インボイス制度の心得

❶インボイス発行事業者の氏名または名称、及び**登録番号**
❷取引年月日
❸取引内容（軽減税率対象品目がある場合は※印でその旨を記載）
❹税抜価格または税込価格を税率ごとに区分した合計金額及び**適用税率**
❺税率ごとに区分した**消費税額等（消費税額と地方消費税額の合計）**
❻インボイスを受け取る事業者の氏名または名称

○ インボイスの発行方法は紙でも電子インボイスでも大丈夫

インボイスはワードやエクセルなどのソフトで作成し、**プリントアウトしたものを紙で発行しても、電子インボイスで発行しても構いません。**

電子インボイスとは、**インボイスを電子化したデータのことをいいます。**

例えば、PDFにした電子インボイスを電子メールに添付してお客様へ送ったり、またインターネットにウェブサイトを設けて、お客様へ電子インボイスを発行したりもできます。

他にも、電子データの中には、DVDやCDなどの光ディスクや磁気テープなどの記録用媒体での提供や、EDI取引で提供する場合なども該当します。ちなみに、**EDI (Electronic Data Interchange) 取引**とは、会社同士がビジネス文書を電子データとして、インターネット回線経由でやりとりすることです。

個人事業主やフリーランスがお客様に電子インボイスを発行する場合、電子メールによる電子データの提供が一番便利かもしれません。

インボイスの発行方法

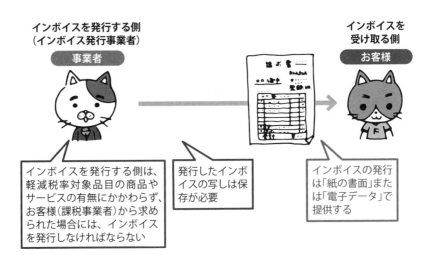

インボイスを発行する側
（インボイス発行事業者）

事業者

インボイスを
受け取る側

お客様

インボイスを発行する側は、軽減税率対象品目の商品やサービスの有無にかかわらず、お客様（課税事業者）から求められた場合には、インボイスを発行しなければならない

発行したインボイスの写しは保存が必要

インボイスの発行は「紙の書面」または「電子データ」で提供する

ただし、電子データ取引でのデータの保存方法については、「電子帳簿保存法」で要件が定められており、電子インボイスは発行する側も、受け取る側も、適当に電子データを保存してはダメです。

　電子帳簿保存法に準拠する形で適切に保存しましょう。「電子データ保存」に関する内容は、 Part 5 をご参照ください。

主な電子インボイスの提供方法

> 1　電子メールによる電子データの提供
>
> 2　インターネット上のウェブサイトを通じた電子データの提供
>
> 3　EDI取引における電子データの提供
>
> 4　光ディスクや磁気テープなどの記録用媒体での提供

ポイント

インボイスでは、請求書・納品書・領収書・レシートなどの書類に、必ず「登録番号」「適用税率」「税率ごとに区分した消費税額等」といった項目を追加で記載！

05 インボイスって保存するの?

インボイスは発行した側も受け取った側も、その写しを7年間保存する義務があります。電子データでインボイスを提供したときも、同様に7年間の保存義務があります。

○ インボイスの保存期間は7年間

インボイス制度では、**インボイスを発行する側も、受け取る側も、すべてのインボイスを7年間保存**（発行した日が属する課税期間の末日の翌日から2カ月を経過した日から7年間）する義務が生じます。

それでは、インボイスの保存方法について見ていきましょう。

○ 紙のインボイスを保存する場合

エクセルやワードで作成し、プリントアウトした紙のインボイスをお客様に発行したとします。

その発行済みのインボイスを受け取ったお客様が保存するのは当然ですが、**発行した側（売り手）も保存する義務**があります。PCで作成したものをプリントアウトした場合、お客様には紙での発行となりますが、発行した側はそのインボイスについて、紙で保存しても、電子データで保存しても、どちらでも構いません。

紙で保存する場合に気をつける点は、突然税務署の人があなたのもとへ訪ねて来たとき、「○月○日のインボイスを確認したい」と要求されたら、すぐに書類を見つけて提出できるようにしておくことです。

とはいっても、個人事業主やフリーランスだと、1人や数人で仕事を回しているので、なかなか経理書類などの整理にまで手が回らないかもしれません。

だからこそ、紙で保存する場合は、日頃から経理書類を整理整頓して、保管する習慣をつけましょう。

○ 電子データでインボイスを発行した場合の保存方法

　インボイスを電子データでお客様へ発行した場合、電子データで保存してもプリントアウトして紙で保存しても構いません（ただし、これは消費税法上だけのことであり、法人税法や所得税法では2024年1月以降、電子データの紙での保存は認められていません。インボイス対応のために紙で保存する場合は、電子データと両方の保存が必要となるでしょう 127ページ 参照）。電子データで保存する場合は、電子帳簿保存法のルールに従って保存します part5参照 。

インボイスの保存方法

紙で発行した場合	電子データで発行した場合
・発行したインボイスの写しを紙で保存する	・発行したインボイスをプリントアウトして紙で保存する（法人税法・所得税法では、電子データを紙で保存できるのは2023年12月末まで）
・発行したインボイスをスキャンして電子データで保存する ・電子データがあれば電子データで保存する *それぞれ電子帳簿保存法のルールに従う	・発行したインボイスを電子データのまま保存する（電子帳簿保存法の「電子取引データ」のルールに従う）

ポイント

個人事業主やフリーランスの場合、経理書類などの整理にまで手が回らないことも。紙で保存する場合は、日頃から経理書類を整理整頓して保管する習慣を！

06 個人の新規開業者も インボイス登録できる?

新規開業者は免税事業者であっても、事業をスタートする日が含まれる課税期間初日から課税事業者になることができます。開業する場合、既存の事業者とは手続きが異なるので気をつけましょう。

○ 新規開業者が事業を始める日からインボイスを発行する方法

「新しく事業を始めよう」と考えている個人事業主やフリーランスは、インボイスの手続きについても気に留める必要があります。そもそも、前々年の売上がない新規開業者は、原則として免税事業者です。何度もいいますが、免税事業者のままでは、インボイス発行事業者にはなれません。

なお、新しく開業する場合、既存の事業者とは手続きが異なります。

新しく開業し、事業開始初日からインボイスを発行したい場合には、次のような手続きを行います。

●新規開業者が免税事業者の場合

インボイス制度の開始後においても、Part 2-01 では免税事業者が「適格請求書発行事業者の登録申請書」の1点だけを提出するとインボイス発行事業者になれると紹介しました。新規開業者の場合は次のようになります。

新規の開業者が免税事業者であれば、その事業を設立したあと、事業開始日が含まれる課税期間の末日までに、**「消費税課税事業者選択届出書」** 202ページ参照 と、事業開始の課税期間の初日から登録を受けようとする旨を記載した **「適格請求書発行事業者の登録申請書」** 198ページ参照 を併せて提出すると、その課税期間初日からインボイス登録を受けたものとみなされます。

●新規開業者が課税事業者の場合

インボイス制度の開始後において、新規開業者が課税事業者であれば

（資本金が大きかったりすると、設立初年度から課税事業者になります）、設立したあと、事業開始日が含まれる課税期間の末日までに、事業開始の課税期間の初日から登録を受けようとする旨を記載した**「適格請求書発行事業者の登録申請書」**を提出すると、その課税期間初日からインボイス登録を受けたものとみなされます。

新規開業者のインボイス登録の手続きと時期

新規開業者	提出書類	提出日	登録日
新規開業者が 免税事業者の場合	「消費税課税事業者選択届出書」「適格請求書発行事業者の登録申請書」	事業開始日が含まれる課税期間の末日まで	課税期間初日から
新規開業者が 課税事業者の場合	「適格請求書発行事業者の登録申請書」	事業開始日が含まれる課税期間の末日まで	課税期間初日から

新規開業者の登録時期の特例

例：2024年11月１日に新規開業した免税事業者が、2024年12月１日に「適格請求書発行事業者の登録申請書」と「消費税課税選択届出書」を併せて提出した場合

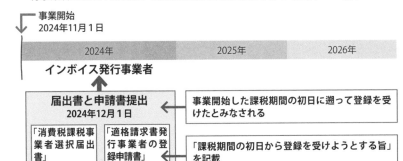

ポイント

免税事業者が新規開業と同時にインボイス登録事業者になる場合「消費税課税事業者選択届出書」と「適格請求書発行事業者の登録申請書」を併せて税務署へ提出！

07 相続によって事業を承継した場合のインボイスは?

相続によって事業を承継した場合、登録の効力はなくなるので、相続する人は亡くなった人のインボイス登録を引き継げません。新たに手続きを踏んで、インボイス登録をしましょう。

○ 相続人が事業を承継した場合のインボイス登録の行方

　インボイス発行事業者が亡くなり、相続によって事業を承継した場合、登録の効力はなくなるので、相続する人は亡くなった人のインボイス登録を引き継ぐことはできません。

　相続する人が自分で事業を行っており、すでにインボイス発行事業者となっている場合は、その登録情報を用いてインボイスを発行すればいいのですが、それ以外の人が相続する場合は、次のような手続きをします。

○ インボイス発行事業者が死亡した場合

　インボイス発行事業者が死亡した場合、事業を相続する人は「適格請求書発行事業者の登録申請書」を提出する必要があります。なお、相続する人は直ちにインボイス発行事業者の登録を受けることができないので、**一定期間の「みなす措置」**が設けられています。その期間内は、亡くなったインボイス発行事業者（被相続人）の登録番号を相続する人の登録番号とみなすことができます。

　みなす措置の期間を過ぎれば、登録の効力は失効します。

　したがって、相続した人は新たに**「適格請求書発行事業者の登録申請書」**198ページ参照と**「適格請求書発行事業者の死亡届出書」**206ページ参照を提出し、登録を受ける必要があります。

　また、相続する人はなるべく早めに登録を行ったほうが、経理書類などにも影響が少ないと思います。

というのも、みなす措置の適用期間中は**死亡したインボイス発行事業者（被相続人）の登録番号が有効**ですが、もし、登録の有効期限を忘れていた場合、お客様へインボイスの発行ができなくなるからです。

　事業をスムーズに引き継ぐためにも、インボイス発行事業者の登録は早めに行いましょう。「みなす措置」の適用期間は、「死亡した翌日から4カ月経過した日」または、「相続した人がインボイス登録した日の前日」のいずれか早い日までの期間をいいます。

インボイス発行事業者が死亡した場合

「死亡した翌日から4カ月経過した日」または「相続した人がインボイス登録した日の前日」のいずれか早い日

みなす措置の
期間終了

相続した人は次の書類を提出
・「適格請求書発行事業者の死亡届出書」
・「適格請求書発行事業者の登録申請書」

相続した人がインボイス発行事業者に登録されるまでの間は、亡くなった人の登録番号が使える「みなす措置」が設けられている。

インボイス発行事業者が死亡した場合の手続き

提出書類	登録申請書の提出日	インボイス登録日
「適格請求書発行事業者の登録申請書」「適格請求書発行事業者の死亡届出書」	みなす措置適用期間内	登録がされた日（登録通知書を確認する）

相続する人が提出する書類 巻末付録参照

「適格請求書発行事業者の登録申請書」

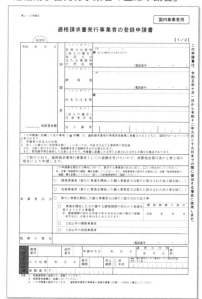

「適格請求書発行事業者の死亡届出書」

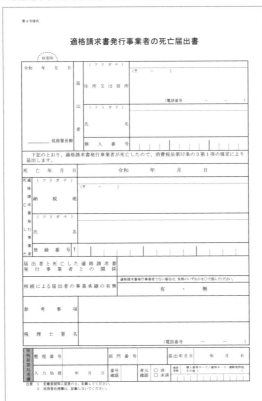

第4号様式

適格請求書発行事業者の死亡届出書

収受印			
令和　年　月　日	届出者	（フリガナ）	
		住所又は居所	（〒　　－　　）
			（電話番号　　　－　　　－　　　）
		（フリガナ）	
		氏　名	
税務署長殿		個人番号	

下記のとおり、適格請求書発行事業者が死亡しましたので、消費税法第57条の3第1項の規定により届出します。

死亡年月日		令和　　年　　月　　日
死亡した適格請求書発行事業者	（フリガナ）　納税地	（〒　　－　　）
	（フリガナ）　氏　名	
	登録番号	T
届出者と死亡した適格請求書発行事業者との関係		
相続による届出者の事業承継の有無		適格請求書発行事業者でない場合は、有無のいずれかを○で選んでください。　　有　・　無
参　考　事　項		
税理士署名		（電話番号　　　－　　　－　　　）

税務署処理欄	整理番号		部門番号		届出年月日	年　月　日
	入力処理	年　月　日	番号確認	身元確認 □済 □未済	確認書類	個人番号カード/通知カード・運転免許証　その他（　　）

注意　1　記載要領等に留意の上、記載してください。
　　　2　税務署処理欄は、記載しないでください。

ポイント

「みなす措置」の期間内は、亡くなったインボイス発行事業者（被相続人）の登録番号を相続する人の登録番号とみなすことができます。

061

08 登録を取り消して免税事業者に戻りたいときは?

インボイス発行事業者の登録に有効期限はありません。
個人事業主やフリーランスが「やっぱ、免税に戻りたい」と思うその日まで、
登録は継続されますが、手続きを踏めば免税事業者に戻れます。

○ インボイス発行事業者から免税事業者へ戻りたい!

　2023年10月1日を含む課税期間内(個人事業主やフリーランスの場合は2023年12月31日まで)にインボイス発行事業者として登録した場合は、免税事業者へ戻るための "2年間しばり" の制限はありません(逆に、上記期間よりあとに登録した場合は、2年間は免税事業者に戻れません)。

　インボイス発行事業者(課税事業者)から免税事業者へ戻る場合、「適格請求書発行事業者の登録の取消しを求める旨の届出書」201ページ参照 と「消費税の納税義務者でなくなった旨の届出書」203ページ参照 を税務署へ提出します。なお、翌課税期間の初日から数え始めて15日前の日までに、これらの届出書を提出する必要があります。例えば、翌課税期間の初日が2025年1月1日の場合、2024年12月17日までに各届出書を提出すれば免税事業者に戻ることができます。

インボイス発行事業者から免税事業者に戻る場合

インボイス制度開始 2023年10月1日	2024年12月17日までに 下記の書類を提出	
免税事業者	インボイス制度開始と 同時にインボイス発行 事業者	2025年1月1日から免税事業者

税務署へ提出 ←
- ・「適格請求書発行事業者の登録の取消しを求める旨の届出書」
- ・「消費税の納税義務者でなくなった旨の届出書」

○ 経過措置の適用を受けて登録したけれど免税に戻りたい！

　免税事業者であった個人事業主やフリーランスが、経過措置の適用を受けて、2023年10月1日を含む課税期間以降（個人事業主やフリーランスの場合は2024年1月1日以降）にインボイス発行事業者として登録した場合、**登録した日から2年間（2年後の課税期間が終わるまで）は課税事業者として免税事業者に戻ることはできません。**2年間しばりの制限が解けてから、取り消し手続きを行うと免税事業者に戻れます。

経過措置でインボイス発行事業者になった場合

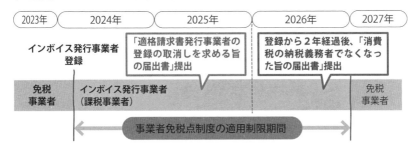

○ インボイス登録の期限切れや更新手続きはあるの？

　インボイス発行事業者の登録に有効期限はありません。したがって、更新の手続きは不要です。個人事業主やフリーランスが「やっぱ、免税に戻りたい」と思うその日まで、登録は継続されます。**免税事業者に戻る場合は、「適格請求書発行事業者の登録の取消しを求める旨の届出書」と「消費税の納税義務者でなくなった旨の届出書」を税務署に提出しましょう。**

ポイント

2024年1月1日以降にインボイス発行事業者に登録した場合、登録した日から2年後の課税期間が終わるまで免税事業者に戻ることはできません。

09 インボイスに記載する消費税額の端数処理は?

インボイスを作成するとき、消費税額は自分で計算します。消費税の計算で端数処理が発生したら、切り捨て・切り上げ・四捨五入のどれかで処理します。消費税の端数処理の計算は慎重に行いましょう。

○ 消費税の端数処理って何?

消費税の計算は実に面倒なものですが、インボイス制度によって請求書の書き方も変わり、消費税の計算方法も変更されました。

なぜならば、**インボイスは税率ごとに区分した消費税額等の記載が必要**になるからです。ここで面倒な点が、「1円未満」の消費税額の端数処理です。国税庁は消費税の端数処理について、事業者の判断に委ねています。

つまり、**計算上で端数が出たとき、事業者は「切り捨て・切り上げ・四捨五入」の端数処理の計算を自分で選択できる**ということです。

余談ですが、私がデパートの催事でご当地ラーメンを食べたときのことです。催事に出店していたラーメン店側のチラシには、ラーメン1杯「901円(税込価格)」と書いてあったのですが、デパート側への支払いは「900円(税込価格)」でした。これについて両者に問い合わせてみたところ、デパートは消費税の端数処理に「切り捨て」を採用し、ラーメン店は「切り上げ」を採用して計算していたそうです。「819円(本体価格)」×1.1＝「900.9円(税込価格)」となりますが、この0.9円の部分をどう処理するかで表示価格に違いが出たのです。このような誤差は**消費税の端数処理の計算の違いから頻繁に起こり得ます**。

これから課税事業者になれば、帳簿をつける際に消費税について気にするようになりますが、その際に「自分の帳簿と相手からもらった請求書や経費の額が合わない」という場面に遭遇することになるでしょう。

これらは、消費税の端数処理を事業者がそれぞれ選択できることにより起こるズレなのです。

○ インボイス1枚につき、消費税額の端数処理の計算は「税率ごとに1回」

インボイス制度では、原則「1枚のインボイス」につき、消費税額の端数処理の計算は「税率ごとに1回」です。つまり、税率ごとの合計金額を出してから、税率ごとの合計金額にかかる消費税額をそれぞれ計算します。

1枚のインボイス上に、購入した商品が8％と10%の税率で混在している場合は、税率が2種類あるため、消費税の端数処理の計算は2回します。

なお、合計金額の内訳を構成する各商品・サービスごとの端数処理は認められません。

インボイス制度による消費税計算

認められない例　　　　　　　　　　認められる例

○ 消費税の計算方法は税抜価格と税込価格で変わる

消費税の計算方法は税抜価格と税込価格で変わります。

税抜価格には、商品やサービスの消費税が含まれていません。一方、税

込価格とは、商品やサービスの消費税が含まれている価格です。

　税抜価格と税込価格の違いは、商品やサービスの消費税が含まれていないか、含まれているか、です。

　インボイスでの消費税の計算は、税抜価格か税込価格かによって計算式が変わります。税抜・税込価格での消費税計算は次のようになります。

●税抜価格から消費税を計算するとき

$$\boxed{消費税} = \boxed{税抜価格} \times \frac{10}{100} \left(または \frac{8}{100}\right)$$

例 90円（税抜価格）の商品（消費税10%）を100個販売した場合

$$\boxed{単価} \times \boxed{個数} = \boxed{合計金額を計算}$$

90円（税抜価格）× 100個 ＝ **9,000円（税抜価格の合計金額）**

⬇

$$\boxed{税抜価格の合計金額} \times \frac{10}{100} = \boxed{消費税額}$$

9,000円（税抜価格の合計金額） $\times \frac{10}{100}$ ＝ $\boxed{900円（消費税）}$

●税込価格から消費税を計算するとき

$$\boxed{消費税} = \boxed{税込価格} \times \frac{10}{110} \left(または \frac{8}{108}\right)$$

例 99円（税込価格）の商品（消費税10%）を100個販売した場合

$$\boxed{単価} \times \boxed{個数} = \boxed{合計金額を計算}$$

99円（税込価格）× 100個 ＝ **9,900円（税込価格の合計金額）**

⬇

$$\boxed{税込価格の合計金額} \times \frac{10}{110} = \boxed{消費税額}$$

9,900円（税込価格の合計金額） $\times \frac{10}{110}$ ＝ $\boxed{900円（消費税）}$

○ 消費税の計算は「切り捨て・切り上げ・四捨五入」で端数処理

　インボイスで消費税を計算するとき、端数が出た場合は端数を「切り捨て・切り上げ・四捨五入」のいずれかで処理します。

● 「切り捨て・切り上げ・四捨五入」の処理

$$\boxed{消費税} = \boxed{税抜価格} \times \frac{10}{100} \quad (または \frac{8}{100})$$

例 99円（税抜価格）の商品（消費税10%）を105個販売した場合

$$\boxed{単価} \times \boxed{個数} = \boxed{合計金額を計算}$$

99円（税抜価格）×105個＝**10,395円**（税抜価格の合計金額）

$$\boxed{税抜価格の合計金額} \times \frac{10}{100} = \boxed{消費税額}$$

10,395円（税抜価格の合計金額）$\times \frac{10}{100} = \boxed{1,039.5円}$

↑端数処理しないといけない

端数を「切り捨て」で処理する場合
小数点以下は切り捨てる
1,039.5円 ──→ 1,039円
　　　　　インボイスでの表示方法は「10%対象10,395円　消費税1,039円」
　　　　　または「10%対象11,434円（内消費税1,039円）」

端数を「切り上げ」で処理する場合
小数点第1位に数字があれば1の位を1切り上げる
1,039.5円 ──→ 1,040円
　　　　　インボイスでの表示方法は「10%対象10,395円　消費税1,040円」
　　　　　または「10%対象11,435円（内消費税1,040円）」

端数を「四捨五入」で処理する場合
小数点第1位の数字が0〜4なら切り捨てて、5〜9なら切り上げる
1,039.5円 ──→ 1,040円
　　　　　小数点第1位が「5」なので切り上げる
　　　　　インボイスでの表示方法は「10%対象10,395円　消費税1,040円」
　　　　　または「10%対象11,435円（内消費税1,040円）」

ポイント

インボイスは「税率ごとに区分した消費税額等」の記載が必要！　面倒な点は「1円未満」の消費税額の端数処理。国税庁は事業者の判断に委ねています。

10 インボイスは 合わせ技でも大丈夫!

取引があるたびに商品名を記載した納品書を発行し、月末に1カ月分の取引をまとめて請求するような場合、納品書と請求書を併せて記載した内容も、インボイスとして認めることができます。

○ 請求書と納品書を併せてインボイスに?

　飲食店や小売店に食品や雑貨を卸す商社などは、取引があるたびに商品名を記載した納品書を発行して、月末にその月の取引を全部まとめた請求書（各納品書の合計金額をまとめたようなもの）を発行する場合があります。

　このような場合、納品書と請求書を併せてインボイスの記載事項を満たしていれば、無理に1つの書類にまとめたものを別途発行する必要はありません。

　インボイスの記載事項は次の通りです。

- ・ インボイス発行事業者の氏名または名称、及び登録番号
- ・ 取引年月日
- ・ 取引内容（軽減税率対象品目がある場合は※印でその旨を記載）
- ・ 税抜価格または税込価格を税率ごとに区分した合計金額及び適用税率
- ・ 税率ごとに区分した消費税額等（消費税額と地方消費税額の合計）
- ・ インボイスを受け取る事業者の氏名または名称

　これらの内容が、納品書か請求書のいずれかに書いてあれば大丈夫です。具体的な2つの方法を次ページから見ていきましょう。

1枚の請求書ではインボイスの記載事項が書ききれないときは!?

　商品の取引項目がたくさんあって、1枚の請求書でインボイスの記載事項が書ききれないときは、次の方法で対応できます。まず、**取引内容は納品書に記載して、請求書には「登録番号」、それぞれの納品書番号と合計金額、そして「税率ごとに区分した消費税額等」を記載します。**

　なお、請求書には「消費税額等」を記載しているので、税率ごとの端数処理の計算は1回ずつ行います。これで、インボイスに必要な記載事項が、請求書と納品書で満たせます。

①インボイスに必要な記載事項を書いた請求書と納品書

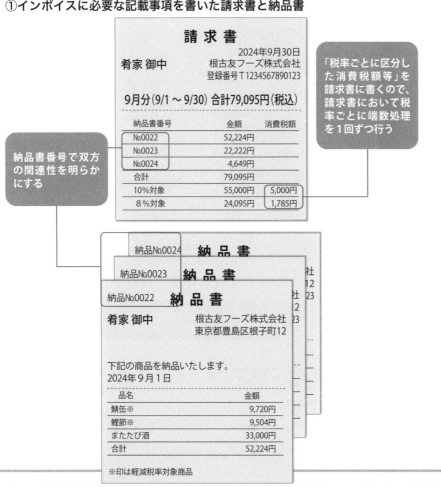

「税率ごとに区分した消費税額等」を請求書に書くので、請求書において税率ごとに端数処理を1回ずつ行う

納品書番号で双方の関連性を明らかにする

納品書には税率ごとに区分した消費税額、請求書には納品書番号と合計金額

　もう1つの方法では、納品書に取引の内容と税率ごとに区分した消費税額等を記載し、請求書にそれぞれの納品書番号と合計金額を記載します。なお、「税率ごとに区分した消費税額等」は納品書に記載するので、納品書につき税率ごとの端数処理の計算は1回ずつ行います。これで納品書と請求書を併せて、インボイスに必要な記載事項を満たすことができます。

②インボイスに必要な記載事項を書いた請求書と納品書

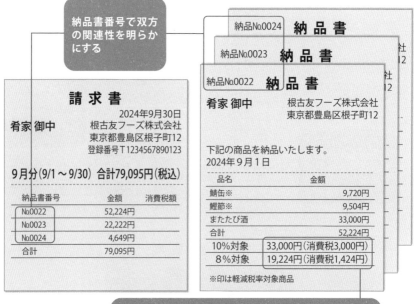

納品書番号で双方の関連性を明らかにする

請　求　書
2024年9月30日
肴家 御中
根古友フーズ株式会社
東京都豊島区根子町12
登録番号T1234567890123

9月分(9/1〜9/30) 合計79,095円(税込)

納品書番号	金額	消費税額
No.0022	52,224円	
No.0023	22,222円	
No.0024	4,649円	
合計	79,095円	

納品No.0024　納品書
納品No.0023　納品書
納品No.0022　納品書

肴家 御中　根古友フーズ株式会社
東京都豊島区根子町12

下記の商品を納品いたします。
2024年9月1日

品名	金額
鯖缶※	9,720円
鰹節※	9,504円
またたび酒	33,000円
合計	52,224円
10%対象	33,000円(消費税3,000円)
8%対象	19,224円(消費税1,424円)

※印は軽減税率対象商品

「税率ごとに区分した消費税額等」を納品書に書くので、納品書において税率ごとに端数処理を1回ずつ行う

請求書にすべての取引内容を書く

　請求書のみでインボイスとしたい場合は、請求書にインボイスに必要な事項をすべて記載します。なお、この請求書に「税率ごとに区分した消費

税額等」が記載されていますので、合計金額をベースに、税率ごとの消費税の端数処理の計算を1回行います。その結果、納品書の消費税の合計金額(それぞれの納品書内で端数処理を計算)とは、ずれることになるでしょう。

請求書のみにする場合

請求書のみでインボイス

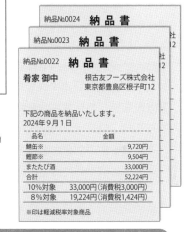

請 求 書

2024年9月30日
根古友フーズ株式会社
東京都豊島区根子町12
TEL/FAX:03-1234-5678
登録番号 T 1234567890123

肴家 御中

9月分(9/1〜9/30) 合計79,095円(税込)

日付	品名	金額	消費税額
9/1	鯖缶※	9,720円	
9/1	鰹節※	9,504円	
9/1	またたび酒	33,000円	

合計	79,095円	
10%対象	55,000円	5,500円
8%対象	24,095円	1,785円

※印は軽減税率対象商品

期間中の全取引の内容と金額を請求書に記載

納品No.0024 **納 品 書**

納品No.0023 **納 品 書**

納品No.0022 **納 品 書**

肴家 御中 　　　　根古友フーズ株式会社
　　　　　　　　　東京都豊島区根子町12

下記の商品を納品いたします。
2024年9月1日

品名	金額
鯖缶※	9,720円
鰹節※	9,504円
またたび酒	33,000円
合計	52,224円
10%対象	33,000円(消費税3,000円)
8%対象	19,224円(消費税1,424円)

※印は軽減税率対象商品

「税率ごとに区分した消費税額等」を請求書に書くので、
請求書において税率ごとに端数処理を1回ずつ行う

ポイント

請求書と納品書を併せて、必要な記載事項を満たしていれば、インボイスとして認めることができます!

11 「簡易インボイス」って 何？

不特定多数の人に領収書やレシートを渡す業種では、通常よりも簡素化した形式の簡易インボイスを発行することができます。
飲食店やタクシーでもらうレシートなども簡易インボイスです。

○ 簡易インボイスが発行できるのは 7 業種

　インボイス制度では、**「簡易インボイス（適格簡易請求書）」** は領収書やレシートなどのことを指しています。例えば、個人事業主やフリーランスが仕事でタクシーを利用したとき、簡易インボイスを受け取れば、仕入税額控除ができます。

　簡易インボイスは、**受け取る側のお客様の氏名や名称を省略して発行で**きます。また**インボイスとは違い、「適用税率」** か **「税率ごとに区分した消費税額等」** のどちらかを記載します。

　ただし、簡易インボイスは誰でもが発行できるわけではありません。**不特定多数のお客様を相手に商売を行う特定の業種に限ります。**

　簡易インボイスの発行が認められているのは、次の 7 業種です。

簡易インボイスを発行できる 7 業種

小売業	飲食店業	写真業	旅行業
ねこ川ストア	タマ食堂		CAT ツアーズ

タクシー業	駐車場業	
TAXI	P 24	その他、これらの事業に準ずる事業で不特定かつ多数の人と取引する者

○　簡易インボイスの書き方

　領収書とレシートなどの簡易インボイスに記載する内容は、「インボイス発行事業者の氏名か名称」「登録番号（Tで始まる13桁の数字、またはT＋13桁の法人番号）」「取引年月日」「取引内容（軽減税率対象品目がある場合はその旨を記載する）」「税率ごとに区分した税抜価格または税込価格の合計金額」「"税率ごとに区分した消費税額等"または"適用税率"のいずれか1つ」です。

　さて、ここでインボイスと簡易インボイスの違いを次の表で確認しておきましょう。

「インボイス」と「簡易インボイス」記載内容の違い

記載項目	インボイス	簡易インボイス
インボイス発行事業者の氏名または名称、及び登録番号	YES	YES
取引年月日	YES	YES
取引内容	YES	YES
税率ごとに区分した税抜価格または税込価格の合計金額	YES	YES
税率ごとに区分した消費税額等	YES	YES／NO*
適用税率	YES	YES／NO*
インボイスを受け取る事業者の氏名または名称	YES	NO

＊「税率ごとに区分した消費税額等」または「適用税率」のいずれか1つ、または両方記載可

　インボイスとは違い、簡易インボイスの発行では**「税率ごとに区分した消費税額等」**か**「適用税率」**のいずれかのうち1つを記載するだけです。

　もちろん、簡易インボイスにこの2つを記載しても構いません。

　次は簡易インボイスによるレシートの書き方の例を見てみましょう。

税率ごとに区分した消費税額等のみを記載するパターン

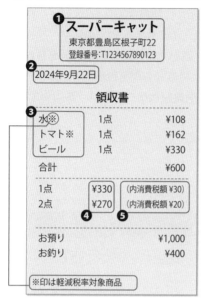

❶インボイス発行事業者の氏名または名称、及び登録番号

❷取引年月日

❸取引内容

❹税率ごとに区分した税抜価格または税込価格の合計金額を記載

❺「税率ごとに区分した消費税額等」を記載

適用税率のみを記載するパターン

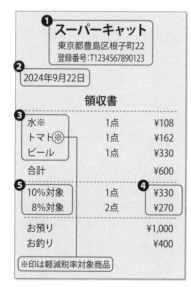

❶インボイス発行事業者の氏名または名称、及び登録番号

❷取引年月日

❸取引内容

❹税率ごとに区分した税抜価格または税込価格の合計金額を記載

❺「適用税率」を記載

○ 手書き領収書の形式で簡易インボイスを発行する

　個人事業主やフリーランスにとっては、手書きの領収書を書くことも多いと思います。そこで、簡易インボイスとして成り立つ手書き領収書の書き方も紹介しておきましょう。手書きの領収書であっても、簡易インボイスに記載する項目がしっかり書かれていれば大丈夫です。

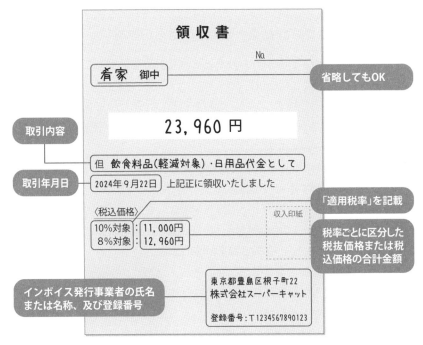

領　収　書

No.

肴家　御中 ──────── 省略してもOK

23,960 円

取引内容

但 飲食料品（軽減対象）・日用品代金として

取引年月日 2024年9月22日 上記正に領収いたしました

〈税込価格〉

10%対象：11,000円 ── 「適用税率」を記載

8%対象：12,960円 ── 税率ごとに区分した税抜価格または税込価格の合計金額

収入印紙

東京都豊島区根子町22
株式会社スーパーキャット

登録番号：T1234567890123

インボイス発行事業者の氏名または名称、及び登録番号

ポイント

簡易インボイス発行は、受け取る側のお客様の氏名や名称を省略でき、「適用税率」か「税率ごとに区分した消費税額等」のどちらかの記載でOK！

12 返品や値引きなどの イレギュラー処理はどうするの?

「売上に係わる対価の返還」があるときは、「適格返還請求書」発行の義務が
あります。「売上に係わる対価の返還」には返品、値引き、割戻、売上割引、
販売奨励金などが含まれます。

○ 返品や値引きがあるときは「適格返還請求書」を発行する

お客様へインボイスを発行したあとに、返品や値引きなどが発生するこ
ともあります。

インボイス（請求書やレシート等）を発行した側が、インボイスを受け
取った側のお客様へ売上額を返金する場合、お客様に **「適格返還請求書」**
を発行する義務が生じます。

適格返還請求書は、**インボイス発行事業者が「売上に係わる対価の返還」**
を行うときに発行するものです。

適格返還請求書を受け取った側のお客様は、これで「最初に受け取った
インボイスに記載された消費税額」から「適格返還請求書に記載された消
費税額」を差し引いて、仕入税額を計算します。

一方、適格返還請求書を発行しないと、インボイスを受け取った側のお
客様は正しい仕入税額を計算できなくなります。お客様へ適格返還請求書
を発行する場合は、速やかに対応しましょう。

なお、「売上に係わる対価の返還」には、返品や値引き、割戻だけでなく、
売上割引や販売奨励金なども含まれています。

○ 適格返還請求書の記載内容

適格返還請求書とは、決められた内容を記載した請求書や納品書などの
書類のことです。次は適格返還請求書の記載例と内容です。

適格返還請求書の記載例と内容

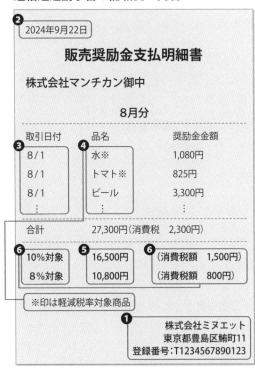

2024年9月22日

販売奨励金支払明細書

株式会社マンチカン御中

8月分

取引日付	品名	奨励金金額
8/1	水※	1,080円
8/1	トマト※	825円
8/1	ビール	3,300円
⋮	⋮	⋮
合計	27,300円(消費税 2,300円)	

| 10%対象 | 16,500円 | (消費税額 1,500円) |
| 8%対象 | 10,800円 | (消費税額 800円) |

※印は軽減税率対象商品

株式会社ミヌエット
東京都豊島区鮨町11
登録番号:T1234567890123

❶ インボイス発行事業者の氏名または名称、及び登録番号

❷ 対価の返還等を行う年月日

❸ 元の売上が発生した日付(「8月分」あるいは「8月～10月分」という書き方でも大丈夫)

❹ 売上の内容(軽減税率の対象商品があるならその旨も書く)

❺ 税抜価格または税込価格を税率ごとに区分した合計金額

❻ 「税率ごとに区分した消費税額等」を記載(または、「適用税率」を記載。両方記載も可)

○ **「適格返還請求書」発行義務が免除される取引もある**

適格返還請求書の発行が免除されるのは、ある特定の取引の場合です。

インボイスの発行義務が免除される場合があるのですが 86ページ参照、それと同様に、次の取引では適格返還請求書を発行する必要はありません。

「適格返還請求書」発行義務が免除される取引

1	3万円未満(税込)の公共交通機関による旅客の運送
2	郵便切手類などを対価として郵便ポストに投函されたもの
3	3万円未満(税込)の自動販売機などで無人で行われる販売
4	出荷者等が卸売市場で生鮮食料品等を販売するとき
5	農協、漁協、森林組合などに委託する農林水産物の販売

Part 2

これだけは知っておきたい インボイス制度の心得

○ 1万円未満の返品や値引きの場合、適格返還請求書発行は不要

　税込1万円未満の返品や値引きの場合、すべての事業者を対象とし、「適格返還請求書（返還インボイス）」の発行が免除されます。例えば、振込手数料分を値引き処理する場合は返還インボイスの発行は不要となります。

●「少額返還インボイスの交付義務免除」適用要件

・適用対象者
　すべての事業者

・適用期間
　適用期限なし

○ 販売奨励金（インセンティブ）の対応

　販売業者に自社の商品を多く売ってもらうため、売れたらインセンティブとして渡すお金を**「販売奨励金」**といいます。販売奨励金があるときも、販売業者に適格返還請求書を発行します。販売奨励金の支払いが毎月発生する場合、インボイスと適格返還請求書を1つの書類にまとめることもできます。その場合、以下のように、売上金額と前月売上分の販売奨励金の

売上金額と販売奨励金を相殺する場合

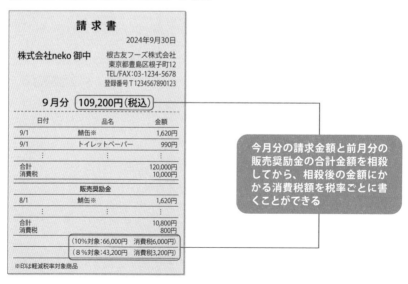

請求書

2024年9月30日

株式会社neko 御中

根古友フーズ株式会社
東京都豊島区根子町12
TEL/FAX：03-1234-5678
登録番号 T1234567890123

9月分　109,200円（税込）

日付	品名	金額
9/1	鯖缶※	1,620円
9/1	トイレットペーパー	990円
┊	┊	┊
合計		120,000円
消費税		10,000円

販売奨励金		
8/1	鯖缶※	1,620円
┊	┊	┊
合計		10,800円
消費税		800円

（10%対象：66,000円　消費税6,000円）
（8%対象：43,200円　消費税3,200円）

※印は軽減税率対象商品

> 今月分の請求金額と前月分の販売奨励金の合計金額を相殺してから、相殺後の金額にかかる消費税額を税率ごとに書くことができる

合計金額を相殺して、相殺後の税率区分ごとの合計金額と消費税額を書いても大丈夫です。

　ただし、「売上と対価の返還のそれぞれの各税率の合計金額を記載する方法」「継続的に売上から対価の返還を差し引いた金額ベースで各税率の合計金額を出す方法」の2パターンがありますので、ご留意ください。

○　税区分の配慮なく一括値引きをしたときの対応

　例えば、お客様がスーパーマーケットで標準税率（10％）の商品と軽減税率（8％）の商品を一緒に購入したときに、1,000円の割引クーポンを使用することがあります。このようなケースを**「一括値引き」**といいます。

　この場合、各税率ごとの合計金額（値引き前の税込価格）を算定したあとに、値引き額である1,000円（クーポンは通常税込価格）を各税率に区分した上で、それぞれの税率ごとに値引き処理をします。

　各税率ごとの値引き後の合計金額（税込価格）を算定したら、その金額を用いて各税率ごとの消費税を計算します。

　ここで問題になるのが、割引クーポン1,000円分の各税率への区分の方法です。値引き前の税込販売金額の割合で按分するのか、8％の商品の合計金額から優先して引くのか、あるいは10％の商品の合計金額から優先して引くのか、どうするべきでしょうか。

　結論を申しますと、**どの方法で区分するのかは、インボイスを発行する側のスーパーマーケットが自由に決められます。**一番有利な方法は10％の商品の合計金額から引くことです（納めるべき消費税が少なく計算されます）。なお、どの税率の合計金額からどれだけ値引きしたのかは、レシートなどの簡易インボイス（またはインボイス）に明記しなければなりません。値引き額をどちらの税率の合計金額から差し引くか決めていない場合は、値引き額を各税率ごとの値引き前の税込販売金額の割合で按分計算することとされています（システムの都合などにより、実務ではこの方法が一番オーソドックスかもしれません）。

　一括値引きのレシートの記載方法は2つあります。一番オーソドックスな按分計算の例をベースに次ページで具体例を用いて見てみましょう。

これだけは知っておきたい
インボイス制度の心得

例えば、スーパーマーケットで鮪1,296円(軽減税率対象)、棚4,400円を購入し、1,000円の割引クーポンを使用した場合。

どちらの税率から値引きするという区分なしで一括値引きをするときは、税率10%の商品と税率8%の商品の合計販売価格から合わせて、1,000円分を値引きすることになります。

このとき全体の税込価格(4,400円+1,296円=5,696円)のうち、税率10%の商品の税込価格(4,400円)が占める割合と、全体のうち税率8%の商品の税込価格(1,296円)が占める割合で、1,000円を按分します。

値引き額を按分する計算
税率10%対象:4,400円 / 5,696円 × 1,000円=772.471… →772円
税率8%対象:1,296円 / 5,696円 × 1,000円=227.528… →228円

↓

値引き後の税込価格の計算
4,400円 − 772円 = 3,628円
1,296円 − 228円 = 1,068円

値引き後の「税込価格を税率ごとに区分した合計金額」を記載する方法

スーパーキャット
東京都豊島区根子町22
登録番号:T1234567890123

2024年9月22日

領収書

鮪※	¥1,296
棚	¥4,400
小計	¥5,696
割引	¥1,000
合計	¥4,696
10%対象	¥3,628
	(消費税 ¥330)
8%対象	¥1,068
	(消費税 ¥79)

※印は軽減税率対象商品

「消費税額等」は値引き後の税込価格から計算

値引き前の「税抜価格または税込価格を税率ごとに区分した合計金額」と
税率ごとの値引き額を記載する方法

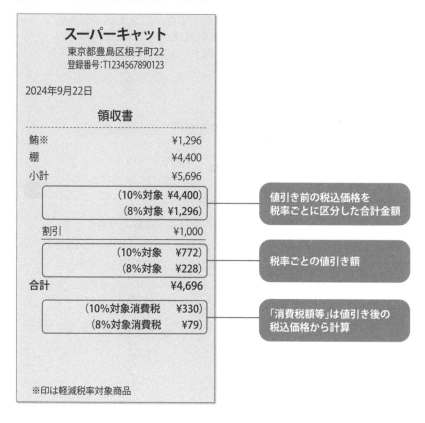

スーパーキャット
東京都豊島区根子町22
登録番号:T1234567890123

2024年9月22日

領収書

鮪※	¥1,296
棚	¥4,400
小計	¥5,696
（10%対象 ¥4,400）	
（8%対象 ¥1,296）	
割引	¥1,000
（10%対象　¥772）	
（8%対象　¥228）	
合計	¥4,696
（10%対象消費税　¥330）	
（8%対象消費税　　¥79）	

※印は軽減税率対象商品

値引き前の税込価格を
税率ごとに区分した合計金額

税率ごとの値引き額

「消費税額等」は値引き後の
税込価格から計算

ポイント

適格返還請求書を発行しないと、インボイスを受け取った
側のお客様は正しい仕入税額を計算できません。お客様
へ適格返還請求書を発行する場合は、速やかな対応を!

13 発行したインボイスに ミスがあった場合はどうする？

インボイスにミスがあったとき、修正できるのはインボイスを発行した
事業者のみです。ミスがあるとわかったら、お客様へ早急に連絡をして、
お詫びの気持ちと再発行する旨を伝えましょう。

○ インボイスを修正できるのは発行した事業者のみ

　お客様への請求書を発行して、「あっ、金額を間違えた！」とあとから
ミスに気づくことは誰にでもあります。請求書のミスはインボイスだろう
と区分記載請求書だろうと、いつでも起こり得ることです。

　ただ、インボイスの場合、**受け取る側が修正や追記することができません。**

　もし、発行したインボイスにミスがあるとわかったら、**インボイスを発
行した側が正しいインボイスを作り直して、受け取る側に再発行します。**

　簡易インボイスや適格返還請求書に誤りがあったときも同様です。必ず、
インボイスを発行した側が修正したインボイスを再発行しましょう。

　なお、再発行の場合でも、発行日は基本的に受け取る側へ最初に発行し
たインボイスと同じ日付で大丈夫です。

当初発行したインボイスにミスを発見！

○ ミスしたインボイスの修正方法は2つ

インボイスを修正する方法としては、1つ目に「ミスを修正してインボイス全体を再発行する方法」と、2つ目に「当初のインボイスとの関連性と修正した事項を明示したインボイスを発行する方法」があります。

それぞれの特徴と具体例を見てみましょう。

①ミスを修正してインボイス全体を再発行する方法

ミスした箇所を修正した上で、その他の部分も含めてインボイスを再発行する方法です。この方法が一般的であり、インボイスを受け取る側としても、経理の修正処理が行いやすくシンプルです。

ミスをした箇所を修正して再発行したインボイス

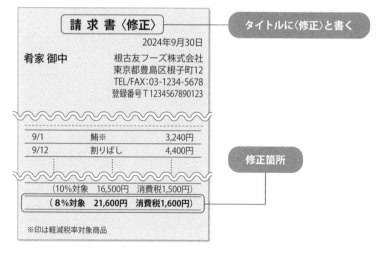

請求書〈修正〉 — タイトルに〈修正〉と書く

2024年9月30日

肴家 御中

根古友フーズ株式会社
東京都豊島区根子町12
TEL/FAX:03-1234-5678
登録番号 T1234567890123

9/1	鮪※	3,240円
9/12	割りばし	4,400円

（10%対象　16,500円　消費税1,500円）
（ 8％対象　21,600円　消費税1,600円）　← 修正箇所

※印は軽減税率対象商品

②当初のインボイスとの関連性と修正した事項を明示したインボイスを発行する方法

「どのインボイスが間違えていたか」「正しい内容はどのようなもので、誤っている内容はどのようなものか」だけを記載する方法です。

当初のインボイスの全体の内容には触れません。ただし、当初のインボイスとセットにしないと、正確な取引内容の全容が把握できません。

ミスをした箇所を抜き出して正誤表をつけるインボイス

請求書

2024年9月30日

肴家 御中

根古友フーズ株式会社
東京都豊島区根子町12
TEL/FAX:03-1234-5678
登録番号 T1234567890123

> ミスがあったインボイスとの
> 関連性を明らかにする

2024年9月30日付9月分請求書について、
下記の通り誤りがありましたので、修正
いたします。

> ミスした部分の「正」と「誤」を
> 記載し、どこを修正したのか
> を明示

正		
合計	売上額	消費税
8%対象	21,600円	1,600円

誤		
合計	売上額	消費税
8%対象	22,000円	2,000円

注:当初の適格請求書と併せて保存願います

○ ミスのあったインボイスは捨てていいの?

①のように、ミスのあるインボイスをまるごと修正した場合には、インボイスを受け取った側は、修正後のインボイスのみを保存しておけばいいでしょう。②のように、修正した部分の「正」「誤」だけを明示したインボイスの場合、インボイスを受け取った側は、当初のミスがあるインボイスと修正後のインボイスを両方とも保管しておく必要があるでしょう。

そうしないと、インボイスの記載要件を満たさなかったり、取引の全容が把握できなかったりします。

一方で、インボイスを発行する側は、①②どちらの場合であっても、当初のインボイスと修正後のインボイスの両方を保管する必要があります。

○ 再発行では「二重請求」に注意!

インボイスを発行する側が、お客様に発行したインボイスにミスがあると気づいたら、お客様へ早急に連絡をして、お詫びの気持ちと再発行する

旨を伝えましょう。

　また、**二重請求を防ぐためにも、「再発行」のスタンプを押す**などして、修正済みのインボイスを再発行したことを明確に示しておきましょう。

インボイスの再発行を明確に

> 2024年9月30日
> 請求番号：01234
>
> 再 発 行
>
> 根古友フーズ株式会社
> 代表取締役　猫田ネコ
> 東京都豊島区根子町12　　社印
> TEL/FAX：03-1234-5678
> 登録番号 T 1234567890123

○ **インボイスを受け取る側が作成した仕入明細書にミスがあったら？**

　買い手であるお客様が作った仕入明細書について、売り手であるインボイス発行事業者の確認を受けた場合、その仕入明細書は、売り手が発行するインボイスと同じような意味合いのものになります。仕入明細書に後日ミスが発見された場合、インボイスを受け取る側のお客様が修正した仕入明細書を作り直します。その際、インボイス発行事業者である売り手側の事業者に確認を求める必要があります（買い手であるお客様が仕入明細書を作って、インボイス扱いにする取引については130ページ参照）。

ポイント

インボイスを修正する方法は2つ。「ミスを修正してインボイス全体を再発行」「当初のインボイスとの関連性と修正した事項を明示したインボイスを発行」。

14 インボイスの発行義務が 免除される取引って?

インボイスの発行が現実的に難しいなどの理由で、インボイスの発行義務が免除されている取引は5種類。「3万円未満の公共交通料金」「郵便・貨物サービス」「自動販売機」「卸売市場での販売」「農協などの委託」です。

○ インボイスの発行が免除される5種類

　事業の性質上、インボイスを発行することが困難なため、その発行義務が免除される取引があります。具体的には、次の5種類の取引が免除対象です。

●3万円未満（税込）の公共交通料金

　一度の購入時に3万円未満（税込）の公共交通料金については、インボイス発行が免除されています。また、交通機関を利用した際に、一定の事項を記載した帳簿を保存すると、仕入税額控除が認められます。

　ただし、「一度の購入時」というのがポイントです。同時に購入したのであれば、複数人の交通費をまとめて支払った場合も該当します。

　例えば、東京から名古屋間の新幹線片道切符（1人当たり11,300円）を同時に3人分購入したら、交通費の合計は33,900円です。したがって、交通費が3万円以上のため、インボイスの発行が必要です。

　しかし、1人分ずつの交通費を別々に購入すれば、それぞれ支払いは3万円未満になるため、インボイスの発行が免除されます。

●切手などを貼って郵便ポストに投函される郵便・貨物サービス

　郵便局などで切手を購入するときは非課税取引なので、インボイスの発行が免除されます。一方、その切手を貼ってポストに投函するときは課税取引になりますが、ポストに投函する際にタイミングを合わせてインボイスを発行するのは実質的に不可能ですので、インボイスの発行が免除されます。ちなみに郵便ポスト以外に、例えば、窓口での郵便・貨物サービス

の提供の際は、インボイスの発行義務は免除されません。

●自動販売機や無人販売機による３万円未満（税込）の販売

　ここでいう「自動販売機」とは、代金の支払いと商品やサービスの提供がワンストップで自動で行われる機械装置であって、その機械装置のみで取引が完結するものをいいます。ジュースやお菓子の販売機はもちろん、コインランドリー、自動写真撮影機、金融機関のATMサービスなどが該当します。なお、ラーメン店の入口にある自動券売機や、コンビニエンスストアやスーパーマーケットにあるセルフレジは、代金の支払いは自動で行われるものの、商品やサービスの提供まで完結できるわけではないので、ここでいう「自動販売機」には該当しません。

●出荷者等が卸売市場で生鮮食料品などを売るとき

　農家や漁師など生鮮食料品の出荷者が、卸売市場で販売する卸売業者に委託した場合に限り、インボイスの発行は免除されます。

●農協、漁協、森林組合などに委託して売るとき

　「無条件委託方式」かつ「共同計算方式」の場合に限り、インボイスの発行は免除されます。「無条件委託方式」とは、生産者が農林水産物を農協などへ出荷するときに、売値や出荷先、出荷時期などについて指定することなく、販売の仕方を農協などに任せることです。また、「共同計算方式」とは、一定の期間における農林水産物の対価については、その農林水産物の種類、品質、等級といった、区分ごとに平均した価格をもって算出した金額をベースに精算することです。

ポイント

一度の購入が３万円未満（税込）の公共交通料金はインボイスの発行が免除。また、一定の事項を記載した帳簿を保存すると、仕入税額控除が認められます。

Part 2 これだけは知っておきたい インボイス制度の心得

ふりかえり

インボイス発行事業者になると、T（ローマ字）で始まる13桁の登録番号をもらう。インボイス発行事業者公表サイトにもその番号が掲載される。

税込1万円未満の返品や値引きの場合、すべての事業者を対象として、「適格返還請求書（返還インボイス）」の発行が免除される。

必要な記載事項がすべて書かれていれば、インボイスのフォーマットは自由。クリアに読めるなら手書きでも大丈夫。

自分がインボイスを発行する側になったときは、取引先に発行したインボイスと帳簿を7年間保存する義務がある。

インボイスでは、税率ごとに区分した税抜（税込）の合計金額をまず出してから、消費税を計算する。端数は切り捨て・切り上げ・四捨五入のうちどれかで処理。

インボイスの記載内容に誤りがあったら、修正できるのは発行した側のみ。発行した側は、速やかに正しいインボイスを再発行しなくてはいけない。

3万円未満（税込）の公共交通料金など一部の取引については、インボイスの発行義務が免除される。

これだけは知っておきたい
個人事業主&フリーランスの
消費税

知っているようで意外と知らない「消費税の仕組み」。
「消費税」のことを知っているのと知らないのでは大違い。
Part 3では、知らないと損をする消費税のアレコレをご紹介！

消費税の納付税額の計算方法は3つある!?

課税事業者になったら、売上にかかっていた消費税を納税するってこと?

そう、免税事業者がネコババしていた消費税を納税する!

・・・ネコババって

これまでも年商1,000万円超えの「課税事業者」は「消費税の申告と納付」が義務づけられていたんだよ

年商1,000万円超の課税事業者

義務だよ

税

消費税申告

「免税事業者」なもんで消費税もらっちゃってました

てへっ

FREE

「課税事業者」になるからには、消費税について覚えておいたほうがいいのだ!

ばーん

ちなみに、消費税の納付って取引先から天引きされるの？

いいえ、消費税は自分で納付します。納付税額の計算方法は3つ！

3つ〜

1つめは
一般課税

2つめは
簡易課税

3つめは
期間限定の
2割特例

なんかよくわからないけど2割特例が簡単そう！

ここでは、消費税の仕組みについてこれだけは知っておきたい知識を説明しましょう

よろしくです！

01 知っているようで、意外と知らない消費税の仕組み

従来から、前々年の売上が1,000万円を超えた課税事業者には消費税の納税義務がありましたが、**インボイス発行事業者の場合は、売上額にかかわらず消費税の納税義務が発生**します。

○ 消費税とは、どういった税金？

Part 1 でも簡単に触れましたが、**消費税とは、国内で消費される商品やサービスに対して公平に課税される間接税**です。

個人事業主やフリーランス、法人などの事業者は、国内におけるほぼすべての商品やサービスの提供に消費税を課して販売しており、最終的にお客様（消費者）が消費税を負担します。なお、お客様が商品やサービスに支払った消費税は、販売時に事業者が預かっているので、**事業者は消費税の申告をして国と地方公共団体へ納付**します。

○ 消費税は国税と地方税を合わせたもの

消費税は標準税率10％と軽減税率８％の**複数税率**です。そのうち、税務署へ納付する消費税は、国に納める**「国税」**と地方公共団体に納める**「地方税」**を合わせたものです。**標準税率10％の場合、国税として「7.8％」、地方税として「2.2％」を納付**します。**軽減税率８％の場合、国税として「6.24％」、地方税として「1.76％」を納付**します。

消費税の「国税」と「地方税」の割合

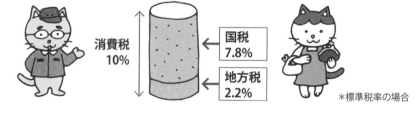

消費税
10%

国税
7.8%

地方税
2.2%

＊標準税率の場合

○ 消費税は二重、三重課税されない仕組み

お客様（消費者）が消費税を負担するまでの間にも、生産、流通など段階的に行われる個々の取引の中で、事業者は消費税を課せられます。

例えば、個人事業主でお店をされている方が、仕入れ先の食品卸会社から購入した食材やお酒にも消費税は課せられます。仕入れ先の食品卸会社もまた、生産者や食品メーカーから購入した商品に消費税を課せられます。「あれ、二重取り?」と思われるかもしれませんが、**「消費税の仕組み」では「二重取り」は起こり得ません。**

なぜならば消費税の仕組みは、**段階的に取引を行う事業者が、お客様から預かった消費税から仕入れ先に支払った消費税を差し引いて、残った金額を税務署へ納付するからです。**これを**「仕入税額控除」**といいます。

消費税額の計算方法は次のようになります。

納付する消費税額の計算方法 ＊消費税額は税率ごとに区分して計算

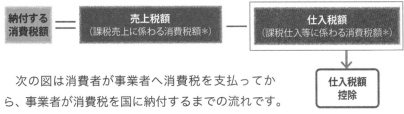

次の図は消費者が事業者へ消費税を支払ってから、事業者が消費税を国に納付するまでの流れです。

消費税の支払いから納付までの流れ

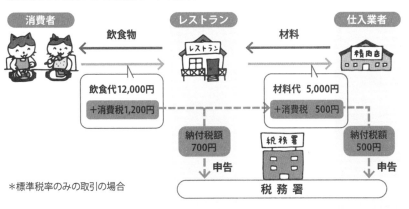

＊標準税率のみの取引の場合

Part
3

これだけは知っておきたい
個人事業主&フリーランスの消費税

093

○ インボイス制度における仕入税額控除

インボイス制度によって、「仕入税額控除の要件」が変わりました。仕入税額控除の要件は、次の2つです。

- ●一定の事項を記載した帳簿保存*
- ●インボイス（適格請求書）などの請求書等の保存*
  - *課税期間の末日の翌日から2カ月を経過した日から7年間保存

簡単にいえば、仕入税額控除するためには、**請求書や納品書などの書類は原則「インボイス」**しか認められません。

つまり、**インボイスと帳簿の保存をした場合にのみ、仕入税額控除が適用される**のです。

なお、**インボイスと帳簿**は、課税期間の末日の翌日から2カ月を経過した日から**7年間保存**する必要があります。繰り返しいいますが、インボイス制度は、免税事業者からの請求書では仕入税額控除はできません。

仕入税額控除の要件

	2023年9月30日まで 区分記載請求書等保存方式	2023年10月1日から 適格請求書等保存方式 （インボイス制度）
帳簿	一定の事項が記載された 帳簿の保存	区分記載請求書等保存方式と 同様
請求書等	区分記載請求書等の保存	インボイス（適格請求書）等の 保存

ここが変わった！

◯ 仕入税額控除をして消費税の申告と納付を行う

　個人事業主やフリーランスが免税事業者から課税事業者になる場合、原則、消費税の納付は納税地の所轄税務署に**申告期限まで（翌年の３月31日まで）**に「**消費税及び地方消費税の確定申告書**」を提出して、消費税額と地方消費税額を併せて納付します。なお、法人の場合の課税期間は「**事業年度**」をいいます。

　それでは、お弁当屋さんと青果店の関係をもとに、インボイス制度が始まる前後の仕入税額控除の違いを、次の例で見ていきましょう。

●お弁当屋さんと町の青果店の場合

　お弁当屋さん（課税事業者）は、町の青果店（免税事業者）から税込価格432円（消費税32円）で野菜を仕入れてお弁当を作り、お客様に税込価格1,080円（消費税80円）で販売（仕入れも売上も軽減税率８％を適用して計算）しています。

仕入れ先が免税事業者の場合（2023年９月30日まで）

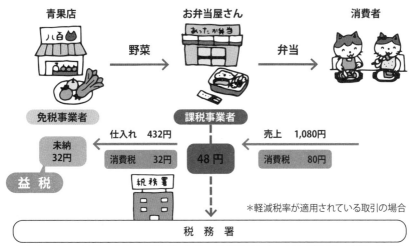

お弁当屋さんは売上にかかる消費税から仕入税額控除した48円を税務署へ納付。免税事業者の青果店は消費税の納税義務がないので、**消費税の32円を「益税」として自分の売上に**。

仕入れ先が免税事業者の場合（2023年10月1日以降）

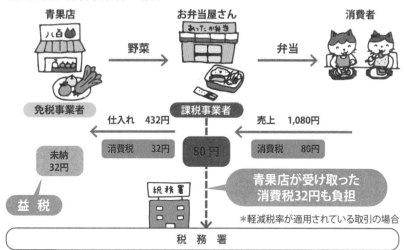

お弁当屋さんは免税事業者の青果店からインボイスを発行してもらえないので、仕入税額控除が適用されない。お弁当屋さんは青果店に支払った消費税32円も納税負担することになるので、お客様から受け取った消費税80円を全額納付。

仕入れ先がインボイス登録した課税事業者の場合（2023年10月1日以降）

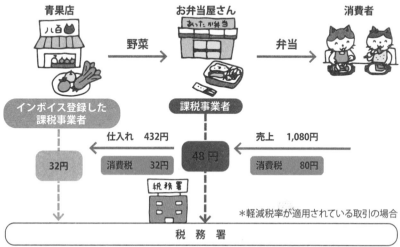

お弁当屋さんは課税事業者の青果店からインボイスを発行してもらうので、仕入税額控除できる。お弁当屋さんは消費者から預かった消費税80円のうち、仕入れ時に支払った消費税32円を差し引いた48円を納付。青果店も32円納付（青果店に仕入税額控除はないものとする）。

　ただし、2023年10月1日以降、仕入れ先が免税事業者だとしても、一定期間においては経過措置が適用されています。前ページのように80円を支払うのが原則ですが、**経過措置の間は仕入れの際の消費税の一部を、特別に控除できます。**

仕入税額控除の経過措置の適用期間

2019年10月1日	2023年10月1日	2026年10月1日	2029年10月1日

4年
区分記載請求書等保存方式

3年

3年

控除不可

2023年9月30日までの免税事業者からの課税仕入につき
全額控除される

2026年9月30日までの免税事業者からの課税仕入につき
80%控除

2029年9月30日までの免税事業者からの課税仕入につき
50%控除

控除されない

＊経過措置による仕入税額控除には、免税事業者から発行された請求書等の保存と、この経過措置を受ける旨を記載した帳簿の保存が必須

ポイント

標準税率10%の場合、国税として「7.8%」、地方税として「2.2%」を納付。軽減税率8%の場合、国税として「6.24%」、地方税として「1.76%」を納付。

02 インボイスで 税額計算方法も変わる!?

課税事業者が納付するべき消費税額は、「売上税額」から「仕入税額」を控除して計算します。国へ納める国税と地方へ納める地方税をそれぞれ計算し、合計したものが納付税額です。

○ 消費税の計算ルール

消費税の計算方法をすごくシンプルにいうと、**「売上税額（課税売上にかかる消費税）」から「仕入税額（課税仕入にかかる消費税）」を差し引いたものが、「納付税額（納付する消費税）」**となります。

しかし、実際の計算は少しややこしく、一般課税ではまず消費税全体のうち、国税の部分（厳密にはこの国税部分のみを消費税といいます）だけを計算します。その後、国税（消費税）に地方消費税率をかけて地方消費税を計算します。最後に、国税と地方税（地方消費税）を合算して納付税額を出します。

一般課税による消費税の計算方法——税込価格から割戻計算の場合

$$\text{国に納める消費税額} = \text{売上税額} - \text{仕入税額}$$

$$\text{売上税額} = \left(\text{標準税率対象の税込売上額} \times \frac{7.8}{110}\right) + \left(\text{軽減税率対象の税込売上額} \times \frac{6.24}{108}\right)$$

$$\text{仕入税額} = \left(\text{標準税率対象の税込仕入額} \times \frac{7.8}{110}\right) + \left(\text{軽減税率対象の税込仕入額} \times \frac{6.24}{108}\right)$$

＊税込仕入額には、単に仕入れのみでなく、経費など消費税を支払う取引全般を含める

地方消費税の計算方法

納付税額

納付税額	＝	国に納める消費税額	＋	地方消費税額

○ **売上税額と仕入税額の計算方法とは？**

　インボイス制度における「売上税額」と「仕入税額」の計算方法は、「割戻計算」か「積上計算」のどちらかを選びます。

　具体的には、下の図表をご参照ください。

売上税額と仕入税額の相互ルール

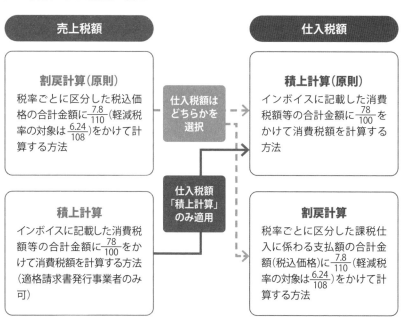

さて、免税事業者である個人事業主やフリーランスの方にとっては、「売上税額の割戻計算？ 仕入税額の積上計算？ って何ですか？」と思われるかもしれませんので、少し順を追って見てみましょう。

○ 売上税額の割戻計算とは？

課税期間の売上にかかる消費税額の計算方法は、原則、割戻計算です。**割戻計算**とは、課税期間のすべての課税売上高を税率ごとに区分した税込価格の合計金額に、それぞれ消費税率（8％または10％）を用いて割戻計算する方法です。

売上税額の割戻計算の方法

❶売上税額（軽減税率の対象商品）

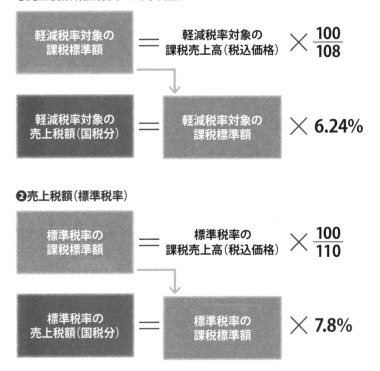

❸売上税額の合計金額

○ 売上税額の積上計算とは？

積上計算は、インボイスに記載した消費税額等の合計金額に、$\frac{78}{100}$をかけて消費税額を出す方法です。

売上税額の積上計算の方法

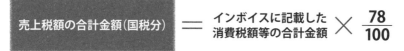

売上税額の割戻計算と積上計算の例（端数処理は四捨五入）

例えば、お弁当屋さんが1個当たり税込価格1,080円（消費税80円）のお弁当を年間7,000個販売したとします。この場合の課税売上高（税込）は、7,560,000円です（軽減税率8％で計算）。

●割戻計算

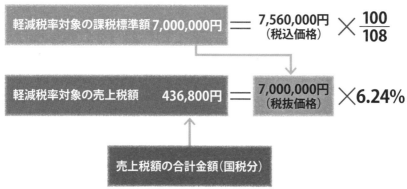

●積上計算

軽減税率対象の売上税額　436,800円 $= \left(\begin{array}{c} 消費税 \\ 80円 \end{array} \times 7,000個 \right) \times \dfrac{78}{100}$

↑

売上税額の合計金額（国税分）

○　**仕入税額の積上計算と割戻計算とは？**

　インボイス制度において、仕入税額は「積上計算」が原則です。

　仕入税額の積上計算には、「請求書等積上計算」と「帳簿積上計算」という方法があります。

●**仕入税額の「請求書等積上計算」**

　まず、仕入税額の「請求書等積上計算」とは、課税期間に仕入れ先や経費の支払先から発行されたインボイスなどに記載した課税仕入にかかる消費税額等の合計金額に、$\dfrac{78}{100}$ をかけて仕入税額（国税分）を計算する方法です。

仕入税額の請求書等積上計算の方法

仕入税額の合計金額（国税分） $=$ インボイスなどに記載した消費税額等の合計金額 $\times \dfrac{78}{100}$

　なお「インボイスなどに記載」といいましたが、ここに含まれるのは、仕入れ先から受け取ったインボイスや簡易インボイス、自分が作成してお客様から確認を得た仕入明細書、農林水産物の販売を委託した卸売市場や農協から受け取った書類、帳簿などです。これらの書類を入手することで、仕入税額控除が適用されます。

●仕入税額の「帳簿積上計算」

「帳簿積上計算」は課税仕入の都度、その課税仕入の税込価格に $\frac{10}{110}$（軽減税率対象の場合は $\frac{8}{108}$ ）をかけて算出した金額を、仮払消費税等などの勘定科目を用いて帳簿に計上している場合、その仮払消費税等に集計された合計金額に $\frac{78}{100}$ をかけて消費税（国税分）を計算する方法です。帳簿に計上する金額（税込課税仕入× $\frac{10}{110}$ ないし税込課税仕入× $\frac{8}{108}$ ）に1円未満の端数が出たら、繰り上げは認められず、切り捨てか四捨五入します。

仕入税額で積上計算をする場合、帳簿積上計算のほうが処理としてはラクだと思います。

帳簿は税込価格で記入しておきましょう。

計算式は次のようになります。

仕入税額の帳簿積上計算の方法

$$\boxed{\text{仕入税額の合計金額（国税分）}} = \text{帳簿に計上した消費税額等（国税＋地方税）の合計金額} \times \frac{78}{100}$$

●仕入税額の割戻計算

仕入税額の**割戻計算**とは、税率ごとに区分した税込の課税仕入の合計金額に、$\frac{6.24}{108}$ または、$\frac{7.8}{110}$ をかけて、仕入税額（国税分）を計算する方法です。なお、**仕入税額を割戻計算できるのは、売上税額も割戻計算している場合**に限ります。計算式は次のようになります。

❶軽減税率対象の仕入税額

$$\boxed{\text{軽減税率対象の仕入税額（国税分）}} = \text{軽減税率対象の課税仕入（税込価格）} \times \frac{6.24}{108}$$

これだけは知っておきたい個人事業主&フリーランスの消費税

❷標準税率の仕入税額

標準税率の仕入税額（国税分） ＝ 標準税率の課税仕入（税込価格） × $\dfrac{7.8}{110}$

❸仕入税額の合計金額

仕入税額の合計金額（国税分） ＝ 軽減税率対象の仕入税額（国税分） ＋ 標準税率の仕入税額（国税分）

○ 「売上税額（積上計算）−仕入税額（割戻計算）」では、ダメ？

売上税額は割戻計算が原則です。

その際に、仕入税額は積上計算（原則）、割戻計算（特例）のどちらを選択しても構いません。

一方、売上税額に積上計算（特例）を用いた場合、仕入税額も積上計算で行わなければなりません。

つまり、売上税額に積上計算を用いた際には、仕入税額について割戻計算を行うことはできないのです。

ちなみに、会計ソフトを使用する場合は、大した手間の違いはないと思いますが、会計ソフトを用いない場合は、割戻計算のほうがラクに計算できるでしょう。

どちらのほうが金額的に得かという点では、個人事業主やフリーランスの方々にとっては大差ないと思われます。

強いていうなら、小売店のように売上のインボイスの発行数がとても多い場合は、売上税額について積上計算を用いるのが有利になる可能性があります。

というのも、1回1回の取引ごとに消費税を切り捨て処理すれば、売上税額の集計額は、塵も積もって、割戻計算に比べて少なく算定される（つ

まり納付税額が少なくなる）可能性が高いからです。

一方、仕入税額については積上計算と割戻計算のどちらが得かというのはケースバイケースであり、一概にはいえません。

○ 申告対象の課税期間とは？ いつの売上が計算の対象？

ところで、個人事業主やフリーランスが消費税の申告対象とする課税期間は、申告期間の**前年の1月1日〜12月31日**です（法人の場合は前事業年度です）。この期間にあった**課税取引の売上税額と仕入税額**の消費税を計算します。

個人事業主・フリーランスが消費税の申告対象とする課税期間

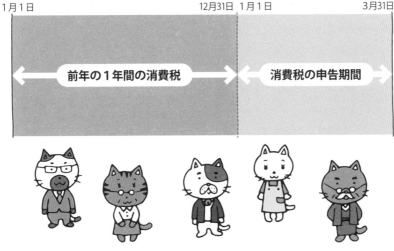

1月1日　　　　　　　　　　　　　　12月31日 1月1日　　　　　　　　　3月31日

← 前年の1年間の消費税 →　　← 消費税の申告期間 →

ポイント

消費税は、まず国税（消費税）を計算してから、国税に地方消費税率をかけて地方消費税を計算。
最後に、国税と地方税を合算して納付税額を出します。

03 「簡易課税制度」で面倒くさい 仕入税額控除がラクになる?

簡易課税制度を利用すると、消費税の計算がちょっとラクにできます。
売上5,000万円以下の事業者で、事前に税務署へ届出を提出すれば、
「簡易課税制度」で消費税を計算することができるのです。

○ 「簡易課税制度」って?

消費税の計算方法はややこしくてイヤという人のために、もっとラクな
「簡易課税制度」という計算方法があります。前々年（2期前の課税期間）
の年間の課税売上が5,000万円以下の事業者が、仕入税額控除の計算を
する手間を省くために作られた制度です。

一般課税による消費税の計算では、「売上にかかった消費税」から「仕
入れや経費などで支払った消費税」を差し引いた残額を税務署へ納めます。

つまり、売上と仕入れや経費にかかった消費税をそれぞれ計算するので、
いちいち手間がかかって大変です。

一方、簡易課税制度ではその都度計算しなくても、「売上にかかった消
費税」に「みなし仕入率」をかけるだけで、仕入税額控除に該当する金額
を計算できるので、売上税額のみ計算すれば消費税の納付税額を算出でき
ます。

○ 売上5,000万円を超えたら簡易課税制度は適用できない

簡易課税制度は適用開始後2年間はやめることができませんが、年間の
課税売上が5,000万円を超えたら、その翌々年（2期後）に自動的に一般
課税に戻ります。

その後、また年間の課税売上が5,000万円以下になったら、その翌々年
（2期後）に自動的に簡易課税制度が適用されます。

◯ 簡易課税の届出はどうすればいいの？

簡易課税制度を利用するためには、簡易課税を適用したい年度（課税期間）の前日までに**「消費税簡易課税制度選択届出書」** 204ページ参照 を税務署へ提出するだけです。なお、新規開業の場合は、開業した年度（課税期間）の末日までに上記の届出書を提出すれば、開業のタイミングから簡易課税制度の適用を受けることができます。

◯ インボイス登録した初年度から簡易課税制度を適用する方法

2029年9月30日までの期間に限り、免税事業者が登録申請をしてインボイス発行事業者となる場合、その登録日の属する課税期間中に、その課税期間から簡易課税制度の適用を受ける旨を記載した「消費税簡易課税制度選択届出書」を所轄税務署へ提出すれば、その課税期間の初日の前日に消費税簡易課税制度選択届出書を提出したものとみなされます。つまり、インボイス登録日から簡易課税制度を適用できることになります。

「消費税簡易課税制度選択届出書」の特例

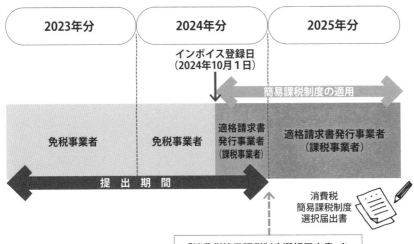

簡易課税の計算方法

　簡易課税の計算手順も一般課税と同様、消費税（国税分）を算出するところから始めます。次いで、地方消費税（地方税分）を算出し、両方を合算して納付税額（10%）とします。

　具体的な数値を用いて見てみましょう。

簡易課税の計算方法

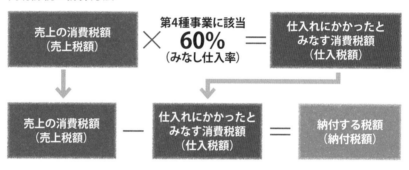

●**売上が990万円の飲食店の場合**（標準税率）

　飲食業:みなし仕入率60%　売上高:990万円（税込）

❶**売上にかかる消費税額**

　990万円（税込）÷110%＝900万円（税抜）

　900万円（税抜）×7.8%（国税）＝702,000円

❷**仕入れにかかる消費税額**

　702,000円×60%＝421,200円

❸**差引税額**

　❶702,000円－❷421,200円＝280,800円

❹**地方消費税額**

　❸280,800円×$\frac{22}{78}$＝79,200円

❺**納付税額**

　❸280,800円＋❹79,200円＝ 360,000円 ← 納付税額

みなし仕入率

事業区分	業種	みなし仕入率
第1種事業	卸売業	90%
第2種事業	小売業、農業・林業・漁業（飲食料品関連）	80%
第3種事業	製造業、建設業、電気・ガス業、水道業、農業・林業・漁業（飲食料品関連以外）	70%
第4種事業	飲食業など、第1、2、3、5、6種以外の事業	60%
第5種事業	金融・保険業、運輸・通信業、サービス業（飲食業を除く）	50%
第6種事業	不動産業	40%

ポイント

簡易課税制度では「売上にかかった消費税」に「みなし仕入率」をかけるだけで、仕入税額控除に該当する「消費税額」が計算できます。

04 「簡易課税制度」の メリット・デメリットって何?

簡易課税制度によるメリットは大きいですが、デメリットもあることに
注意してください。あなたの仕事や業態を考えた上で選択しましょう。

○ 簡易課税制度っていいの、悪いの、どっち?

簡易課税制度を選択すると、消費税に関する日々の帳簿処理や税務申告
の手間を大幅に省くことができます。そのため、煩わしい管理業務をやり
たくないと思っている個人事業主やフリーランスにとっては、便利な制度
だといえるでしょう。とはいえ、いいことばかりとは限りません。簡易課
税制度のメリット・デメリットを把握した上で、どうするべきかを選択し
ましょう。

●メリット1:簡易課税制度は計算がラク!

メリットは、何といっても消費税の計算がラクになることです。通常の
消費税計算法だと仕入れや経費にかかった消費税をいちいち計算しますが、
簡易課税制度を選択すれば、その計算時間を省くことができるのです。ま
た仕入れなどの費用を支払うときに、取引先からインボイスを受け取る必
要がなくなります。つまり、取引先が「インボイス発行事業者か?」とい
うことを気にしなくていいので、取引先の選択肢が広がるというメリットも
あります。

●メリット2:ケースによっては節税ができる

業種やその年の業績内容によっては、一般課税で計算するよりも簡易課
税制度を選択して計算したほうが、納める消費税が少なくて済むこともあ
ります。「仕入れなどの支払いにかかる消費税<売上にかかる消費税×みな
し仕入率」に当てはまる事業者は、簡易課税制度にすれば節税ができます。

●デメリット１：税負担が増えるケースも

　簡易課税制度を選択すると、かえって税負担が増えてしまうこともあります。「**仕入れなどの支払いにかかる消費税＞売上にかかる消費税×みなし仕入率**」に当てはまる事業者がそうです。例えばカメラマンは機材などの経費が膨大にかかるため、仕入税額を多く支払う可能性が大きいです。しかしカメラマンのみなし仕入率は第５種の50％なので、簡易課税制度を選択すると損してしまうかもしれません。

　一般課税で計算したら、多額の消費税の還付が得られたのに、と後悔しても後の祭。簡易課税では当然還付もしてもらえません。

　なお、消費税実務では、簡易課税制度を選択したばかりに損をすることになった、と後悔するケースも後を絶ちません。一般的には、簡易課税制度の選択により得をした際の金額の振れ幅より、損をした際の金額の振れ幅のほうが大きくなりがちです。

●デメリット２：簡易課税制度は２年間しばり

　簡易課税制度は一度選んだら、**最低２年間はやめられません**。これは、デメリットです。もし、簡易課税制度を選択してから事業の状態が暗転し、やっぱり一般課税で消費税の計算をして申告したくなったとしても、２年間しばりが解けてからです。

○　簡易課税制度の適用をやめたいとき

　簡易課税制度の適用をやめたいときは、「**消費税簡易課税制度選択不適用届出書**」205ページ参照を税務署に提出します。ただし、先ほども記載したように、適用開始後から２年間が過ぎていないとやめられません。

ポイント

簡易課税制度の場合、計算はラクですが、税負担が増えるケースもあり、最低２年間は簡易課税をやめられません。

05 免税事業者は納付税額が売上税額の2割になる!?

前々年の課税売上高が1,000万円以下の事業者は、2割特例を利用することで日々の経理処理や大量の集計作業が少しラクになり、消費税の負担も少なくなります。

○ 納付税額の2割特例とは?

　免税事業者であった個人事業主やフリーランスがインボイス発行事業者になった場合、**2023年10月1日から2026年12月31日までの期間、特例として売上税額の2割を納付（「2割特例」）すれば**よくなりました。2割特例の適用は、次の「すべて」の要件を満たした事業者のみです。

2割特例の適用要件

● 適用対象者
・前々年の課税売上高が1,000万円以下であるなど、免税事業者の要件を満たしているインボイス発行事業者
・課税期間を1カ月または3カ月に短縮する特例を受けていない

● 適用対象期間
2023年10月1日から2026年9月30日までの日を含む各課税期間。
個人事業主やフリーランスの場合は、2023年分（10月から12月まで）の申告から2026年分の申告までの計4回の申告が適用対象

　前々年の課税売上高が1,000万円以下の事業者は、2割特例を利用することで日々の経理処理や大量の集計作業が少しラクになり、消費税の負担も少なくなります。適用対象者であれば「消費税及び地方消費税の確定申告」に「2割特例の適用を受ける旨」を記載するだけで、2割特例の適用を受けることができます 193ページ参照。

２割特例の適用対象期間

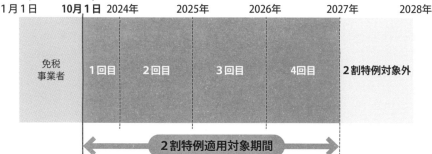

インボイス制度開始

2023年1月1日	2023年10月1日	2024年	2025年	2026年	2027年	2028年

免税事業者　｜　1回目　｜　2回目　｜　3回目　｜　4回目　｜　**2割特例対象外**

◀──────── **２割特例適用対象期間** ────────▶

　また、「消費税簡易課税制度選択届出書」 204ページ参照 を税務署に提出していても、２割特例の適用対象期間中は消費税の確定申告時に「簡易課税」か「２割特例」のいずれかを選択できます。その際に「消費税簡易課税制度選択不適用届出書」 205ページ参照 を提出して、簡易課税制度の適用をやめる必要はありません。

消費税の確定申告時に「簡易課税」か「２割特例」のいずれかを選択

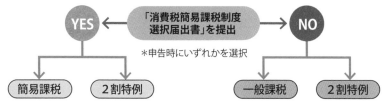

YES ◀── 「消費税簡易課税制度選択届出書」を提出 ──▶ NO

＊申告時にいずれかを選択

簡易課税　　２割特例　　　　　一般課税　　２割特例

ポイント

個人事業主やフリーランスの場合の2割特例対象期間は、2023年分（10月から12月まで）の申告から2026年分の申告までの計4回の申告が適用対象です!!

06 消費税が課税される取引とは?

取引には、消費税が課税される取引と課税されない取引があります。
売上税額も仕入税額も、納付のために計算する対象になるのは、課
税取引のみです。

○ 課税取引には4つの条件がある

消費税の計算の対象になるのは課税取引のみです。次の4つのすべてに
該当する取引及び輸入取引が、課税対象になります。

❶日本国内において行う取引

日本国内において行う取引のみが課税対象になります。海外で行う取引には消費
税はかかりません。

❷事業者が事業として行う取引

事業者とは、個人事業主と法人をいいます。事業を行う目的をもって設立された
法人の活動は、すべて「事業として」に該当します。一方、個人事業主の場合、事
業者の立場と一般個人の立場とを兼ねているので、事業者の立場で行う取引が「事
業として」に該当し、一般個人の立場で行う取引は「事業として」に該当しません。
例えば、個人の中古車販売業者が行う中古車の売買は「事業として」行う売買に
なりますが、その人が事業用の資産ではない自家用車を手放す行為は、「事業として」
行う売買とはなりません。

❸対価を得て行う取引

「対価を得て行う取引」とは、物品の販売などをして反対給付（見返り）を受ける
取引をいいます。例えば、商品を販売して代金をもらったり、事務所を貸して家賃
を受け取ったり、修理を請け負って修繕費を受け取るような取引です。

❹資産の譲渡、資産の貸付、役務の提供のどれかである取引

資産の譲渡とは、資産の同一性を保ちつつも、売買や交換などの契約により他人に
移転することをいいます。資産の貸付とは、賃貸借や消費貸借などの契約により、資
産を他者に貸して使用させることをいいます。役務の提供とは、請負契約、運送契約、
委任契約、寄託契約などに基づいて、労務やサービスを提供することをいいます。税
理士、作家、スポーツ選手、映画俳優、棋士など、専門知識や技能に基づく役務提供
もここに含まれます。

○ チャートで課税か課税じゃないかを確認してみよう

課税取引に該当するかどうかは、次のチャートに当てはめて検討してみてください。課税取引以外の非課税取引、不課税取引、免税取引の内容については次ページをご覧ください。

課税取引か、それ以外か

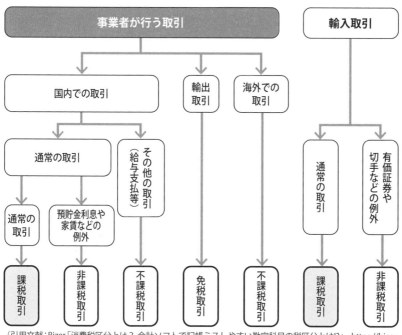

（引用文献：Bizer「消費税区分とは？ 会計ソフトで記帳ミスしやすい勘定科目の税区分とは!?」、https://bizer.jp/bizer/archives/4550）

ポイント

課税取引の条件は「日本国内において行う取引」「事業者が事業として行う取引」「対価を得て行う取引」「資産の譲渡、資産の貸付、役務の提供の取引」。

07 消費税がかからない取引なんてあるの?

非課税取引・不課税取引・免税取引は消費税がかからない取引です。消費税の申告をするとき、消費税のかからない取引は除外して計算します。一つひとつの取引がどれに該当するか、しっかり把握しましょう。

○ 課税されない非課税・不課税・免税取引

取引には、消費税がかかる課税取引以外に、**消費税がかからない「非課税取引・不課税取引・免税取引」**があります。一つひとつの取引がどれに該当するのかをしっかり把握していないと、消費税の計算を誤るので注意しましょう。

●非課税取引

4つの条件 114ページ参照 をすべて満たしていても、消費者に負担を求める税としての性格から**課税対象とすることになじまないもの**や、**社会政策的配慮**から課税しない非課税取引が定められています。

課税対象とすることになじまないものの例

> ○土地を売ったり貸したりすること　○住宅の賃貸
> ○有価証券・金銭債権（国債・地方債・社債・売掛金・貸付金など）
> ○商品券　○郵便切手・印紙・証紙　○外国為替の手数料
> ○受取利子　○保険料　○教科書　○学校の入学金、授業料
> ○国や地方公共団体が提供するサービスの手数料（住民票、戸籍謄本など）……

社会政策的配慮に基づいて非課税とされたものの例

> ○社会保険医療・社会福祉事業　○出産費用　○火葬・埋葬料
> ○介護保険法に基づく施設サービス料・居宅サービス料……

●**不課税取引**

　4つの条件をどれか1つでも満たしていなければ、不課税取引の対象になり、消費税が課税されません。例えば、次のようなものです。

> ○海外で行われる取引　○給与　○寄附金　○助成金　○無償の取引
> ○保険金　○株式の配当金　○一般個人としての資産の売却など……

●**免税取引**

　輸出ビジネスは免税取引となり、消費税が課税されません。日本国内で製造した商品であっても、消費される場所は国外だからです。

○　課税取引を扱わない事業者はインボイスは不要？

　自分の行う事業が非課税取引・不課税取引・免税取引であれば、インボイス登録をしなくてもお客様に迷惑をかけるわけではないので、インボイス制度への対応は不要です。インボイス制度は、お客様と課税取引をする事業者に関係します。この論点において、業種や規模は関係ありません。

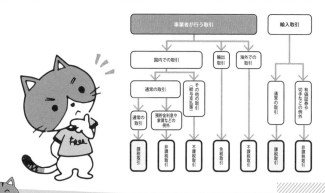

ポイント

自分が係わる取引がどれに該当するのかをしっかり把握していないと、消費税の計算を誤るので注意しましょう！

Part 3 これだけは知っておきたい 個人事業主&フリーランスの 消費税

ふりかえり

課税事業者の個人事業主や フリーランスは、課税期間 （前年1月1日から12月31日 まで）の取引の消費税額を 申告し、納付する義務があ る。

課税期間の「売上にかかった 消費税の合計金額」から「仕 入れにかかった消費税の合 計金額」を差し引くと、ザック リした納付税額が出る。

売上税額を積上計算で計算 したら、仕入税額も積上計 算で計算しないとダメ。 売上税額を割戻計算したと きは、仕入税額は積上計算 でも割戻計算でもOK。

消費税を計算するときは、 まず国税分を出して、次に 地方税分を出す。最後に国 税分と地方税分を合計して、 納付税額を確定する。

簡易課税制度のみなし仕入 率は、事業の種類によって 決められている。 簡易課税制度を選択したら、 2年間はやめられない。

卸売業や小売業のように みなし仕入率が高い業種は、 簡易課税制度を選択すると 得する可能性が高い。

消費税を計算するときは、 非課税・不課税・免税取引 は除外する。課税取引のみ を対象にする。

インボイスを
受け取ったときの
経費のさばき方

税金を安くするには、経費の積み上げが必須。
これからは、仕入れや経費の支払いに
インボイスをもらえるかどうかが、重要に!
Part 4では、「インボイスを受け取る側」の
かしこい対応方法のアレコレをご紹介!

経費を使ったときにもらった領収書はどうすればいいの？

もちろん、もらった領収書はすべて保存！

保存しないと仕入税額控除できないから、消費税をたくさん納めることになるよ

ひえ〜

登録番号入りの領収書はもちろん

登録番号がついてない領収書も集めておこう

集めた領収書はどうするの？

帳簿でしょ！帳簿に記載でしょ！

今まで確定申告は白色だったから帳簿つけたことない…

インボイス制度は帳簿保存が必須。ちなみに白色申告でも帳簿はつけるよ。この際、青色申告にすると一石二鳥かもね！

登録番号入り領収書

納付する消費税を計算するためには登録番号入りの領収書を集めて帳簿をつけるのが必須ということね

そう！　そこ大事！
ここでは、経費に係わるインボイスについてくわしく説明しましょう

よろしくです！！

01 「仕入税額控除」するための方法

「仕入税額控除」の額が大きくなるほど、納付税額は減らせます！
「仕入税額控除」の額を積み上げるためにも、仕入れ先からインボイスを受け取ることと、帳簿の保存は必須です。

○ どうすれば「仕入税額控除」できるの？

　免税事業者の個人事業主やフリーランスがインボイス発行事業者になったら、「消費税の納付」という大きな仕事が待っています。

　「消費税の納付は初めてだけど、たくさん取られたらどうしよう……」と不安に思う方もきっといると思います。

　Part 2 では、個人事業主やフリーランスが、「インボイスを発行する側（売り手）の立場」となった場合に必要な知識をお伝えしました。

　Part 4 では、逆の立場、つまり個人事業主やフリーランスが「インボイスを受け取る側（買い手）の立場」になったとき、どう対応していけばいいのかをお伝えします。

　まず、仕入れや経費の支払いの際にインボイスをもらえるかどうかが重要だ、という点についておさえていただければと思います。

　思い出してください。消費税の納付税額は、売上税額から仕入税額を差し引いた（仕入税額控除した）金額ですよね。仕入税額控除が少なければ、その分納付税額は増えてしまうのです。仕入れ先からインボイスをもらえれば「仕入税額控除」を適用できますが、**もらえなければ「仕入税額控除」の対象外**になってしまいます。つまり、インボイスをもらえなければ、その消費税分だけ損になってしまうのです。大きな買い物をする際にインボイスをもらえないと、とてももったいないことになります。

　なお、**「簡易課税制度」と「2割特例」を選択した人**は「仕入税額控除」のためのインボイスは不要なので、上記については忘れていただき、インボイスをもらうことに関する箇所は読み飛ばしていただいて結構です。

次の図は、仕入れ先からインボイスを受け取ったときに「仕入税額控除」をするための「必要な要件」と「流れ」です。

仕入税額控除を受けるには

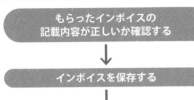

もらったインボイスの
記載内容が正しいか確認する

↓

インボイスを保存する

↓

帳簿につけて保存する

［帳簿の記載事項］

❶ 課税仕入のインボイスを発行した人の氏名、または法人名

❷ 課税仕入を行った年月日

❸ 課税仕入の内容（軽減税率の対象品目である旨）

❹ 課税仕入の支払い（対価の）額

○ 「仕入税額控除」の対象になる書類はインボイスだけではない？

「仕入税額控除」の対象になる書類は原則としてインボイスなのですが、インボイス以外でも「仕入税額控除」の対象となる書類があります。また、インボイスの発行が困難であるなどの理由により、一定の事項を記載した帳簿のみの保存で「仕入税額控除」が認められる取引が限定的に規定されています 144ページ参照。

「仕入税額控除」の対象になる請求書類

● インボイス（紙または電子データ）
● 簡易インボイス（紙または電子データ）
● インボイスの記載事項を満たした仕入明細書、仕入計算書など（相手方からもらうのでなく自社で作る書類を想定）で、相手方への確認が取れているもの……など

ポイント

仕入れ先からインボイスが発行されれば「仕入税額控除」が適用、発行されなければ「仕入税額控除」の対象外。インボイスがもらえるかどうかは死活問題です！

02 仕入れ先の相手が「インボイス発行事業者か?」を確かめる

仕入れや経費に関する取引においては、仕入れ先の相手がインボイス発行事業者かどうかを先に聞いておきましょう! あとで相手がインボイスを発行できないとわかっても遅いです。

○ 取引先がインボイス発行事業者かどうかを確かめる方法

例えば、インボイス登録したフリーランスのライターが地方取材で会食の飲食店を予約するときに、インボイスを発行してくれる飲食店を探すとお得になります。

インボイスが発行されれば、会食代の消費税が「仕入税額控除」できるからです。

その際、予約前に飲食店に電話で尋ねることもできますが、電話に応対する飲食店の従業員が、自社のインボイス登録状況を把握しているとは限りません。

一番確実な方法は、**相手がインボイス登録をしているかどうかを自分で調べること**です。

相手がインボイス登録をしているかどうかは、**国税庁の「適格請求書発行事業者公表サイト」のトップ画面から、インボイス登録番号を入力して検索することで確認**できます。

相手が会社の場合は、インボイス登録番号が「T＋13桁の法人番号」のため、国税庁の「法人番号公表サイト」から法人番号を検索することにより、インボイス登録状況を把握することができるでしょう。

なお、相手が会社でない個人事業主やフリーランスの場合は、インボイス登録番号が予測できないため、自分で調べることはできません。その際は本人に直接確認しましょう。

仕入れ先がインボイス発行事業者かどうかを調べる方法

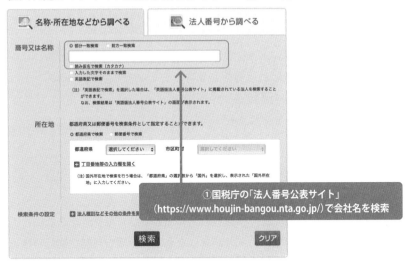

① 国税庁の「法人番号公表サイト」
（https://www.houjin-bangou.nta.go.jp/）で会社名を検索

②その後、国税庁の「適格請求書発行事業者公表サイト」（https://www.invoice-kohyo.nta.go.jp/）のトップ画面でインボイス登録番号を入力して検索

ポイント

国税庁の「適格請求書発行事業者公表サイト」のトップ画面からインボイス登録番号を入力して検索すれば、仕入れ先がインボイス登録しているかを確認できます。

03 インボイスを受け取ったら、記載事項は即チェック!

仕入れや経費の取引先からインボイスを受け取ったら、記載事項が正しく書かれているか確認した上で保存します。もし記載内容にミスがあったら、仕入れ先へ修正と再発行をお願いしましょう。

○ ミスがあっても受け取り側で修正できない

　仕入れ先から取引情報に関する請求書類を受け取ったとき、インボイスとして認められるためには、必要な記載事項がすべて書かれていないといけません。もし、**記載内容にミスがあっても、受け取った側で追記や修正をするのは禁止**されています。すぐに発行者へ連絡して、ミスの箇所を伝え、再発行してもらいます。また、手書きのインボイスが発行されたときも、転記ミスや記載事項の漏れなどを確認しましょう。

　インボイス制度においては、請求書類を受け取ったときにまず、ミスがあるかないかを確認するクセをつけるようにしましょう。

請 求 書

2024年9月30日

⑥ Barサバ 御中　　**①** スーパーキャット
東京都豊島区根子町22
登録番号:T1234567890123

請求金額(税込) 57,724円

②取引年月日	**③**	品名	税抜価格
9/ 2		鯖缶※	9,000円
9/ 4		鰹節※	8,800円
9/15		グラス	5,000円
9/22		またたび酒	30,000円

④		**⑤**	
10%対象	35,000円	消費税 3,500円	
8%対象	17,800円	消費税 1,424円	

※印は軽減税率対象商品

① インボイス発行事業者の氏名または名称、及び登録番号
② 取引年月日
③ 取引内容
④ 税率ごとに区分した合計金額(税抜または税込)、及び適用税率
⑤ 税率ごとに区分した消費税額等
⑥ 書類の発行を受けた事業者の氏名または名称

インボイスの保存は、紙かデータか？

インボイスを受け取ったときの保存は、紙または電子データのどちらでも構いません。また、電子データで受領したインボイスを紙に打ち出して保存することもできますし、紙で受領したインボイスを電子データ化して保存することもできます。ただし、電子データで保存する場合は、電子帳簿保存法に基づいたシステムと、システムに関係する書類の備えつけ、年月日の検索などの要件が義務づけられています（Part 5参照）。

なお、所得税法や法人税法との兼ね合いで、**電子データで受領したインボイスは電子データで保存することをお勧めします**。なぜなら2024年1月以降、所得税法や法人税法のルールでは原則として、この方法しか選択できなくなっているからです。ややこしいですが、電子データで受領したインボイスを紙で保存することを認めるのは消費税法だけになります。

受け取ったインボイスの保存方法

紙を紙で保存　電子データを紙で保存（2024年1月以降消費税法のみOK）　紙をスキャンして電子データで保存　電子データを電子データで保存

ポイント

インボイス制度では、請求書類を受け取ったときに、まずはミスがあるかないかを確認するクセをつけるようにしましょう。

127

04 クレジットカードの明細書は「仕入税額控除」に使えない

仕入れや経費をクレジットカードで決済したら、クレジットカード会社が発行する明細書だけでは「仕入税額控除」はできません。

○ クレジットカードの明細書ではダメなの？

個人事業主やフリーランスの中には、事業の経費に係わる支払いをクレジットカードで決済する方もいると思います。これまで、クレジットカードで経費などを決済した場合、経費の支払先からもらう領収書やレシート、あるいは「クレジット売上票」（ただし「仕入税額控除」の要件を満たしている場合に限ります）があれば、「仕入税額控除」ができました。「クレジット売上票」とは、店舗でクレジットカード決済をしたとき、レシートのようなものを2枚もらうと思います。1枚は店舗が発行する白いレシートで、もう1枚はクレジットカードを利用したことを証明する利用伝票の「お客様控え」です。この色つきのレシートのようなものが「クレジット売上票」です。ただし、インボイス制度においては、この**「クレジット売上票」だけでは「仕入税額控除」が認められない可能性があります。**

インボイス制度では「仕入税額控除」のために必要な書類は、「インボイス」「簡易インボイス」、またインボイスに相当する「仕入明細書」などです。「クレジット売上票」では「インボイス」や「簡易インボイス」の要件が満たされていないことがあります。ちなみに、あまり知られていないかもしれませんが、クレジットカード会社が毎月利用者に届ける「カード利用代金明細書」では、インボイス制度が始まる前から「仕入税額控除」の要件を満たしていませんでした。必要なのはインボイスや簡易インボイスであって、それらに該当しない明細書はいくらあっても「仕入税額控除」は適用されません。なお、帳簿記載のみで「仕入税額控除」ができる取引がいくつかあるのですが144ページ参照、それらは例外です。これらの取

引は、帳簿をきちんと保存していれば、インボイスや簡易インボイスを入手していなくても「仕入税額控除」ができます。

「レシート」「クレジット売上票」の見本

「レシート」の見本

焼肉アルフ
東京都豊島区良野町22
03-1234-5678
登録番号:T1234567890123

〈お買上げ明細〉
2024年9月22日20:16

タン	1点	¥890外
カルビ	1点	¥980外
ミノ	1点	¥990外
冷麺	1点	¥980外
冷やしトマト	1点	¥480外
ビール	6点	¥3,480外

小計額		**¥7,800**
10%対象	11点	¥780
お預かり金額		¥8,580
クレジット計		(¥8,580)
お釣り		¥0

※印は軽減税率対象商品

「クレジット売上票」の見本

加盟店名　ヤキニクアルフ
03-1234-5678
端末番号 TERM No 00000-000-00000
ご利用日 DATE 24/9/22 20:16:00

〈お買上げ明細〉
2024年9月22日20:16

伝票番号	SLIP No	00000
会員番号	XXXXXXXXXXXXXXXX (IC)	
承認番号	APP CODE 000000	
取引内容売上	支払区分一括 取扱区分110	
カード会社	有効期限	
NEKO CARD	EXP DATE XX/XX	
金額	AMOUNT	¥8,580
合計金額		¥8,580

NEKO/NEKOTA
NECOカード　VISAカインサマ
ゴリョウアリガトウゴザイマシタ
00000-0000-000
AXXXXXXXXXXXX
SXXXXXX C00 AXXXXX VISA
SALES CLERK
COUNTER　CUSTOMERS
INFOX　COPY
お客様控え

○ インボイス制度での「クレジット売上票」は?

　クレジットカード利用の控えとして発行される「クレジット売上票」などに、インボイスの記載事項が書かれるようになれば、「仕入税額控除」が適用されます。ただし、インボイス制度が始まったからといって、すぐに「クレジット売上票」がインボイスの記載事項を満たすようになるとは考えにくいです。基本的には、仕入れや経費の支払先でカードを利用する場合は、そこが発行するインボイスや簡易インボイスをもらうようにしましょう。

> **ポイント**
>
> 必要なのはインボイスであって、インボイスに該当しない明細書はいくらあっても「仕入税額控除」は適用されません。

05 お客様(買い手)サイドが「仕入明細書」を作るとは?

例えば、納品された商品のうち、売れた分の金額を仕入れ先に支払う取引では、買い手サイドが記載事項を満たした「仕入明細書」を作成して、売り手サイドの確認を取れば、仕入税額控除の適用が受けられます。

○ インボイスに代わる「仕入明細書」って?

一般的に、仕入れや経費の支払いといった取引をする際は、仕入れ先などからインボイスを受け取ると思います。

ただ、一部の取引では、本来のインボイスを受け取る側から発行する側へ、インボイスに代わる書類「仕入明細書」を作成して、発行する場合があります。

例えば、デパートがフリーランスのアクセサリーデザイナーからアクセサリーなどの商品を仕入れる場合、本来であれば仕入れ先であるデザイナーがインボイスをデパートに発行します。しかし、消化仕入れ(商品が売れたときに仕入れとみなす取引)など、デパート側が商品販売数などを管理している場合、デパート側が「仕入明細書」を作成して、デザイナーに送ることも考えられます。その際、デザイナーが「仕入明細書」の内容を確認して問題がなければ、この「仕入明細書」が両者にとってのインボイス代わりになります。

なお、この「仕入明細書」にインボイスの必須記載事項が書かれていなければ、デパートは「仕入税額控除」ができません。

○ 「仕入明細書」を作成するときの記載内容

買い手サイドが「仕入明細書」作成するときに注意すべき記載事項は、売り手サイドのインボイス登録番号を記載することです。

仕入明細書の書き方

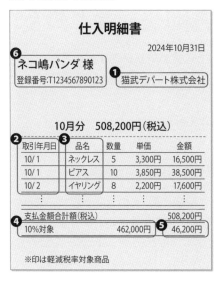

仕入明細書

2024年10月31日

❻ ネコ嶋パンダ 様
登録番号:T1234567890123 ❶ 猫武デパート株式会社

10月分　508,200円（税込）

❷取引年月日	❸品名	数量	単価	金額
10/ 1	ネックレス	5	3,300円	16,500円
10/ 1	ピアス	10	3,850円	38,500円
10/ 2	イヤリング	8	2,200円	17,600円
⋮	⋮	⋮	⋮	⋮

支払金額合計額（税込）		508,200円
❹10%対象	462,000円 ❺	46,200円

※印は軽減税率対象商品

❶ 仕入明細書作成者の氏名または名称

❷ 取引年月日

❸ 取引内容

❹ 税抜価格または税込価格を税率ごとに区分した支払金額、及び適用税率

❺ 税率ごとに区分した消費税額等

❻ 売り手側の氏名または名称及び登録番号

○ 「仕入明細書」は売り手サイドへの確認が必須

買い手サイドが作成した「仕入明細書」の内容は、売り手サイドの確認が必須です。確認方法はそれぞれあると思いますが、例えば、買い手サイドが「仕入明細書」をメールで売り手サイドに送信し、売り手サイドが「確認した」旨を買い手サイドに返信する、といった方法が考えられます。

また、内容に誤りがあれば、買い手サイドが修正して仕入明細書を再発行します。その際も、修正済みの「仕入明細書」は必ず売り手サイドに確認してもらいましょう。

ポイント

買い手サイドが「仕入明細書」を作成するときに注意すべき記載事項は、売り手サイドのインボイス登録番号を記載することです。

06 「売上」と「経費」を 1枚の仕入明細書にまとめる?

売り手サイドが買い手サイドにちょっとした経費の支払いをする場合があります。この場合、買い手サイドが発行する「仕入明細書」で処理できます。

○ 課税仕入と課税売上の内容を1枚の書類で処理できる

買い手サイドが売り手サイドに「仕入明細書」を発行する場合、売り手サイドでも買い手サイドに対する「経費」が発生することが考えられます。

例えば、 Part 4 - 05 の例でもう一度説明すると、デパート(買い手サイド)が、フリーランスのアクセサリーデザイナー(売り手サイド)からアクセサリーなどの商品を仕入れたとします。

その際、デパート側からアクセサリーデザイナーへ諸経費の請求をするとしたら、この諸経費はアクセサリーデザイナーにとっての経費(課税仕入)になりますし、一方で、デパート側にとっては収入(課税売上)になります。

このとき、デパートは「仕入明細書」を作成してアクセサリーデザイナーへ送りますが、それに加えて諸経費の請求に関するインボイスも併せて送るのが原則です。

しかし、同じ相手先に2種類の書類を発行しなければならないのは面倒なので、これらを1枚にまとめて仕入明細書を発行する方法をご紹介したいと思います。

単純な内容ですが、商品の仕入内容と諸経費の請求内容を同一の「仕入明細書」に記載し、相殺した金額を支払金額とすればいいのです。

もちろん、仕入明細書にはインボイスに必要な項目を記載して、売り手サイドに確認することは忘れないでください。

1枚の仕入明細書に経費と売上をまとめる

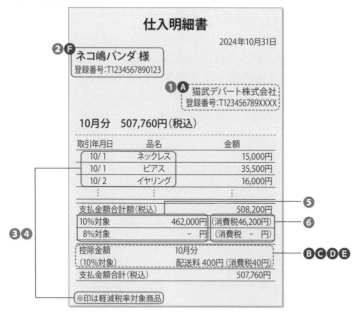

仕入明細書

2024年10月31日

❷ Ｆ ネコ嶋パンダ 様
登録番号:T1234567890123

❶ Ａ 猫武デパート株式会社
登録番号:T123456789XXXX

10月分　507,760円（税込）

取引年月日	品名	金額
10/ 1	ネックレス	15,000円
10/ 1	ピアス	35,500円
10/ 2	イヤリング	16,000円
⋮	⋮	⋮

支払金額合計額（税込）		508,200円	❺
10%対象	462,000円	（消費税46,200円）	❻
8%対象	－ 円	（消費税 － 円）	

❸❹

控除金額	10月分	Ｂ Ｃ Ｄ Ｅ
（10%対象）	配送料 400円（消費税40円）	
支払金額合計（税込）	507,760円	

※印は軽減税率対象商品

「仕入明細書」（売上サイド）で必要な記載事項

❶「仕入明細書」の作成者の氏名または名称
❷売り手側の氏名または名称、登録番号
❸取引年月日
❹取引内容（軽減税率対象ならその旨も書く）
❺税率ごとに区分した支払金額（税抜または税込）、適用税率
❻税率ごとに区分した消費税額等

「インボイス」（経費サイド）で必要な記載事項

Ａインボイス発行事業者の氏名または名称、登録番号
Ｂ取引年月日
Ｃ取引内容（軽減税率対象ならそのことも）
Ｄ税率ごとに区分した合計金額（税抜または税込）、適用税率
Ｅ税率ごとに区分した消費税額等
Ｆ書類の受領者の氏名または名称

ポイント

仕入明細書にはインボイスに必要な項目を記載して、インボイスを受け取る側に確認したら、これで、経費と売上が1枚の仕入明細書にまとめられます。

1枚にまとめて仕入明細書を発行するには、商品の売上と経費を相殺して、双方を同一書類に記載！

Part
4
インボイスを受け取ったときの経費のさばき方

07 20日締めの請求書の場合

仕入れ先から20日締めのインボイスを受け取ったら、月をまたいだ取引が記載されているので要注意。確定申告で仕入税額を計算するときは、該当する課税期間に含まれる取引のみを抜き出し、積上計算します。

○ 20日締めのインボイスって？

個人事業主やフリーランスの方は、事業の締め日を月末にしている方がほとんどだと思います。しかし会社によっては、月末ではなく毎月20日（あるいは他の日）で締めるケースもあります。もし、課税事業者の個人事業主やフリーランスの方が、仕入れ先から20日締めのインボイスを受け取ったら、確定申告の消費税計算のときに注意が必要です。

仕入れ先からもらった20日締めのインボイスでは、例えば、2025年1月分なら「2024年12月21日〜 2025年1月20日」の取引が、翌月分は「2025年1月21日〜2月20日」の取引が記載されます。

このように1つのインボイス上で、2つの月にまたがった取引が記載されることになります。

インボイスの締め日が「月末締め」の場合

○月○日〜○月末日の取引

インボイスの締め日が「20日締め」の場合

△月21日〜△月末日、○月1日〜○月20日の取引（○は△の翌月）

○ 20日締めのインボイスで仕入税額を計算するには

課税事業者の個人事業主やフリーランスの方が20日締めのインボイスをもとに仕入税額を計算するとき、注意すべきなのが課税期間の最初と最

後の期間の処理です。

　例えば、2025年の課税期間は2025年1月1日〜12月31日です。

　しかし、仕入れ先から20日締めのインボイスをもらったとき、2025年
1月分には「2024年12月21日〜2025年1月20日」の取引が含まれて
いるので、2025年の消費税計算で必要な「2025年1月1日〜1月20日」
の取引のみを抜き出します。このように**課税期間をまたいだ取引が記載さ
れているインボイスの場合は、該当する課税期間の取引だけを抜き出して
計算するのが原則です。**

　つまり、2025年1月分のインボイスから、「2025年1月1日〜1月20
日」の取引を抜き出し、同様に2026年1月分のインボイスから「2025
年12月21日〜12月31日」の取引を抜き出します。なお、インボイスに
1カ月分の合計金額しか記載されていない場合は、単純に合計金額から日
数按分した金額（合計金額÷31日×11日など）を集計すればいいでしょう。

20日締めの会社からインボイスを発行された場合の処理

2024年	2025年	2026年
	1月1日〜1月20日　　1月21日〜12月20日　　12月21日〜12月31日	
20日締め インボイス	2025年 1月分　　2025年2月分〜2025年12月分　　2026年 1月分	

ポイント

**仕入れ先から20日締めのインボイスを受け取ったら、1
つのインボイス上に2つの月にまたがった取引が記載さ
れているので、消費税の確定申告時は注意しましょう！**

Part 4
インボイスを受け取ったときの経費のさばき方

08 立て替えてもらったときは どうすればいい?

商業施設に入っているテナントの電気代は、商業施設が立て替えて支払います。テナントは商業施設宛の電力会社からのインボイスと「立替金精算書」を受け取れば、立て替え分の「仕入税額控除」ができます。

○ 他の事業者に立て替えてもらう場合は?

　事業者が支払うべき経費を、他の事業者に立て替えてもらって、あとで支払う場合もあります。

　例えば、商業施設に個人事業主のアクセサリー店がテナントとして入っています。商業施設はアクセサリー店が使用する電気代を、一時的に立て替えて電力会社へ毎月支払っています。このとき、電力会社が発行するインボイスの宛名は商業施設名になります。

　アクセサリー店は、立て替えてもらった電気代をあとで商業施設に支払います。ここで問題は、電力会社が発行するインボイスは、宛名が商業施設名になっていることです。このままだとアクセサリー店は経費として「仕入税額控除」が認められません。

　このような立て替えの取引ではどう対応するかというと、まず商業施設は電力会社から商業施設宛のインボイスを受け取ります。その後、商業施設は、そのインボイス（またはコピー）と「立替金精算書」をアクセサリー店へ送ります。アクセサリー店は商業施設からもらったインボイス（またはコピー）と「立替金精算書」を保存することにより、経費を商業施設に立て替えてもらったことが証明されて、電気代に関する「仕入税額控除」ができるようになります。なお、このケースでは、立て替えた事業者はインボイス発行事業者でなくても構いません。今の例ならば、電力会社はインボイス発行事業者である必要がありますが、立て替えを行った商業施設がインボイス発行事業者ではなかったとしても、アクセサリー店の「仕入税額控除」に影響はありません。

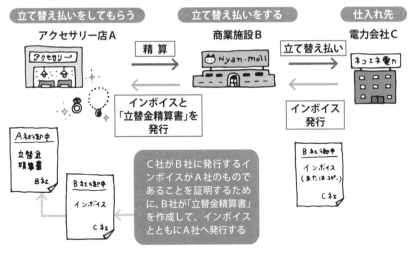

立て替えてもらったときの「仕入税額控除」の方法

立て替え払いをしてもらう	立て替え払いをする	仕入れ先
アクセサリー店A	商業施設B	電力会社C

精算 →

← インボイスと「立替金精算書」を発行

立て替え払い →

← インボイス発行

C社がB社に発行するインボイスがA社のものであることを証明するために、B社が「立替金精算書」を作成して、インボイスとともにA社へ発行する

○ インボイスのコピーが大量にあって大変なときは？

例えば、アクセサリー店以外にもテナントがたくさん入っている商業施設の場合ならば、商業施設が毎月各テナントへ電力会社のインボイスをコピーして配るとなると、手間と時間がかかります。そういうときは、商業施設がインボイスの原本を保存して、各テナントには「立替金精算書」のみを渡せば、各テナントは電気代の支払いに関する「仕入税額控除」を行うことができます。

ただしその場合、「立替金精算書」には、アクセサリー店の「仕入税額控除」のために必要な記載事項（仕入れ先の名前、インボイス登録番号、適用税率の区分、支払った金額など）が書かれている必要があります。

> **ポイント**
>
> 「立替金精算書」を単独で受け取る場合、「仕入税額控除」に必要な記載事項（仕入れ先の名前、登録番号、支払った金額など）が書かれている必要があります。

09 口座振替や銀行振込で インボイスをもらわない場合は？

家賃など、口座振替や銀行振込で毎月の支払いをするものの、請求書や領収書をもらわない取引では、インボイスに必要な記載事項が「契約書」と「振込明細書」に記載されていることで「仕入税額控除」が適用されます。

○ 家賃の口座振替はインボイスなしで経費にできる？

個人事業主やフリーランスの中には、事業で使うオフィスや店舗を賃借している方や、自宅の一部を仕事場に使用して家賃の一部を経費として計上している方もいると思います。その場合、大半の方は家賃の支払いに、口座振替か銀行振込を利用しているでしょう。

とはいえ、家賃の支払いのたびに不動産屋から請求書や領収書を受け取っていないこともあるのではないでしょうか。インボイス制度が始まったことで、家賃の支払いに関する「仕入税額控除」は、支払日時が印字された通帳や、振込金受取書だけではできなくなりました。

ちなみに、**会社のオフィスや店舗を賃借している場合は、基本的に消費税が課税される課税取引**に該当しますが、 Part 3 でお伝えした通り、アパートやマンションなど**自宅住居の家賃の場合は、消費税のかからない非課税取引**です。

したがって、自宅の一部を仕事場として使う場合は、家賃は非課税なので「仕入税額控除」の対象外です。

家賃は場合によって課税と非課税に分かれる

	課税売上		非課税売上	
賃料・共益費（建物）	店舗、事務所		住宅用の建物	
賃料・共益費（土地）	駐車場（施設）		土地	

○ 不動産屋はインボイス登録している？

　オフィスや店舗を借りて家賃を支払っている方は、まず、家賃に消費税が課税されているかどうかを確認してください。課税されていたら、不動産屋がインボイス登録をしているかも要確認です。**不動産屋がインボイス発行事業者なら、家賃を「仕入税額控除」できます。**

　なお、口座振替、または銀行振込で家賃を支払っている場合は、次の表にあるように、**「賃貸借契約書」**と**「預金通帳」**（または銀行が発行する「振込金受取書」や「振込明細書」など）の双方を併せて、インボイスに記載すべき事項がすべて書かれていれば、「仕入税額控除」が適用できます（関連書類は7年間保存）。駐車場の賃借料や会社の顧問契約などについても、同じ対応方法で「仕入税額控除」ができます。

オフィスの賃貸借契約におけるインボイスの記載事項

インボイスの記載事項	記載書類
インボイス発行事業者の氏名または名称	賃貸借契約書
インボイス登録番号	賃貸借契約書
取引年月日	預金通帳または振込金受取書
取引内容（賃貸借契約の内容）	賃貸借契約書
取引金額（税率区分ごと）	預金通帳または振込金受取書
取引金額に対する消費税額、適用税率	賃貸借契約書
インボイス受領者の氏名または名称	賃貸借契約書

ポイント

　オフィスや店舗を賃借している方は、不動産屋がインボイス登録をしているか要確認！不動産屋がインボイス発行事業者ならば家賃は「仕入税額控除」できます。

10 「取引明細書」と「支払通知書」は ニコイチで保存

売り手からは日々の「取引明細書」を電子データで受領して、月まとめで、買い手から売り手へ「支払通知書」を紙の書面で発行する場合、両方併せてインボイス記載事項を満たせば、仕入税額控除ができます。

○ 書類が紙と電子データに分かれているときの対応

　個人事業主やフリーランス同士の取引ではあまりないケースかもしれませんが、ペーパーレス取引を推進する会社がEDI（Electronic Data Interchange）を使って取引先とやりとりすることがあります。

　EDIというのは、受注書、発注書、請求書、納品書などの帳票書類のやりとりを専用回線やインターネットで行う電子発注システムです。

　取引先と大量の書類をやりとりする会社にとっては、手間やコストを省くことができ、便利なシステムです。

　個人事業主やフリーランスの方でも、今後、会社と取引する場合、EDIで「取引明細書」が発行される場合があるかもしれないので、知識として覚えておきましょう。

　例えば、EDIでのやりとりを取引先の会社から求められた場合、買い手サイド（インボイスを受け取る側）の個人事業主は、電子データで日々の「取引明細書」を受領します。月に1回、日々の取引明細書の内容をもとに金額を集計し、売り手サイド（インボイスを発行する側）である取引先に、紙の書面で「支払通知書」を発行します。

　このとき、電子データの「取引明細書」と、紙で発行した「支払通知書」の関連性が明らかで、両方併せてインボイスに必要な記載事項が書かれていれば、両方を保存することで「仕入税額控除」が認められます。

　なお、電子データでやりとりした取引書類の保存は、「電子帳簿保存法」のルールに従います。保存の仕方は Part 5 をご参照ください。

売り手サイド（インボイスを発行する側）が「取引明細書」を作成

取引明細書
（10%対象分）

ネコ嶋パンダ 様

猫武デパート株式会社
東京都豊島区根子町60

2024年10月分（10/1 ～ 10/31）

取引年月日	品名	数量	単価	金額（税込）
10/ 1	ネックレス	5	3,000円	15,000円
10/ 1	ピアス	10	3,550円	35,500円
10/ 2	イヤリング	8	2,000円	16,000円
⋮	⋮	⋮	⋮	⋮

> 税率ごとに分けた「取引明細書」に、取引年月日、項目、金額を記載。インボイス登録番号は「支払通知書」に記載されるので、ここになくてもいい。

買い手サイド（インボイスを受け取る側）が「支払通知書」を作成

2024年11月15日

支払通知書

猫武デパート株式会社 御中
東京都豊島区根子町60
登録番号:T123456789XXXX

ネコ嶋パンダ

2024年10月分（10/1 ～ 10/31）
508,200円（税込）

合計	508,200円	（消費税46,200円）
10%対象	508,200円	（消費税46,200円）
8%対象	–	

※印は軽減税率対象商品

> 宛先に売り手サイドの名前または名称と、インボイス登録番号を記載。税率ごとに区分した合計金額（税込または税抜）、消費税額を記載。この支払いに該当する取引が行われた期間を記載。

ポイント

電子データの「取引明細書」と紙の「支払通知書」の関連性が明らかで、インボイスに必要な記載事項が書かれていれば、両方保存することでインボイスになります。

11 帳簿は 作成しないとダメ？

「仕入税額控除」のためには、帳簿の保存は必須です！
帳簿の書き方は「区分記載請求書等保存方式」と同じ。保存期間は課税
期間の末日の翌日から2カ月を経過した日から7年間です。

○ **インボイス制度になっても帳簿は必須！**

白色申告では、個人事業主やフリーランスは帳簿をつける義務がありませんでした。しかし、2014年にそのルールが変わり、現在は青色申告か白色申告かに関係なく、すべての個人事業主やフリーランスに帳簿の記帳と保存が義務づけられています。インボイス制度においても、それは変わりません。なお、「仕入税額控除」に必要な帳簿の書き方は、これまでの「区分記載請求書等保存方式」と同じで、保存期間はその課税期間の末日の翌日から2カ月を経過した日から7年間です。

所得税の申告も消費税の申告もこの帳簿をもとに行う

備考として書いておく

帳簿（仕入れ）※印は軽減税率対象商品					
2024年 月	日	摘要	課税区分	借方（円）	備考
10	25	ネコハンズ商事（株）文房具	10%	100円	
10	25	ネコバ商品（株）食料品※	8%	2,400円	
10	25	ネコタワー不動産（株）家賃		80,000円	非課税

仕入取引（経費の支払い等含む）をした年月日

仕入れ先の氏名または名称、仕入取引の内容
（軽減税率対象だったらその旨も書く）

仕入取引で支払った金額（税込）
（課税区分も書いておくとあとでわかりやすい）

帳簿の書き方

仕入れ先の氏名または名称は、**「取引先コード」**や**「取引先番号」**などの記号や番号で書くことも可能です。毎回相手のフルネームを書くのが大変であれば、明確にわかる別の書き方で記載しましょう。

仕入れの内容についても同じで、**「商品コード」**や**「商品番号」**でも構いません。例えば、「ボールペン」や「A4コピー用紙」を「001」「002」という書き方で記しても問題はありません。

会計ソフトがお勧め

帳簿はエクセルで作っても、ノートに書いても、会計ソフトを使っても何でも大丈夫です。

今注目されている簡単・便利なクラウド会計ソフトは「freee会計」「マネーフォワードクラウド」「弥生会計」などが有名です。

会計ソフトを初めて使用するときは、最初は無料のお試し版を利用して、自分にとって使い勝手がよさそうなものを見つけましょう。また、周りにいる個人事業主やフリーランスから、使っている会計ソフトについて情報を集めてみるのも参考になりそうです。

会計ソフトを使うメリットは、課税区分の選択箇所など記載すべき項目が最初から用意されているので、記入漏れを防ぐことができる点です。

加えて、複雑な消費税の計算も自動処理してくれるため、これまで消費税の計算をしたことがなかった個人事業主やフリーランスの方にもお勧めです。

ポイント

会計ソフトは記載すべき項目が最初から用意されて、複雑な消費税の計算も自動処理してくれるので、これまで消費税の計算をしたことがなかった方にはお勧めです！

12 「帳簿の保存」だけで仕入税額 控除が認められる特例って？

商品やサービスを購入するときに、インボイスを発行してもらわなくて
も、帳簿を保存するだけで、「仕入税額控除」が認められる取引が一部
あります。

○ 帳簿だけで「仕入税額控除」が認められる取引って？

　インボイス制度において、特定の商品やサービスの取引では、**インボイ
スがなくても帳簿を保存するだけで仕入税額控除が認められます**。特定の
取引とは次の表に記載したものですが、これらの取引ではインボイスを発
行することが困難であるといった理由から、特別扱いとなっています。

インボイスが必要ない取引

3万円未満（税込）の公共交通料金	バス・鉄道・船など。 購入1回当たりの取引が3万円未満（税込）の場合。複数の人の交通費をまとめて同時に支払った金額も3万円未満（税込）に限る。
3万円未満（税込）の自動販売機で購入するもの	飲料などの自動販売機。 無人店舗での販売はここに含まない。
郵便切手を貼って郵便ポストに投函する配達サービス	切手を貼って手紙などをポストに投函する場合の切手代。 なお、切手を購入するときは非課税取引。ポスト投函は課税取引。
簡易インボイスの記載事項を満たす（取引の年月日を除く）入場券などで、使用するときに回収されるもの	演劇や映画館などの入場券など。
古物営業、質屋、宅地建物取引業を営む事業者が、インボイス発行事業者ではない人から古物や不動産を買い取るとき	質屋が会社員から古物を買い取るときなど。

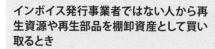

インボイス発行事業者ではない人から再生資源や再生部品を棚卸資産として買い取るとき	古紙回収業者が会社員から古紙を買い取るときなど。
出張旅費、宿泊費、日当、通勤手当を支給するとき	会社が従業員に旅費や出張旅費、通勤手当を支給するときなど。

○ どの項目の取引に該当するのかを帳簿に書く

インボイス発行が免除されている取引は、必ず帳簿に必要事項を記載し、「＋」などのマークも買いておくとわかりやすいです。

帳簿保存だけで仕入税額控除が認められる取引の場合、限定列挙されている「どの項目の取引に該当」するのか、帳簿に記載する必要があります。

例えば、「3万円未満の鉄道料金」「入場券」などと記しておくだけでも構いません。また、帳簿には仕入れ先の住所または所在地を書く必要があります。ただし、仕入れ先が以下である場合は記載不要です。

帳簿に仕入れ先の住所や所在地を記載しなくてもいい取引相手

- 3万円未満（税込）の交通費が発生したときの運送を行った交通機関
- ポスト投函による郵便サービスを受けた場合の郵便配達人
- 会社から出張旅費などを支給された従業員など
- 古物営業、質屋、宅地建物取引業を営む事業者の場合、仕入れ先のうち、各業法で要請される業務帳簿への住所の記載が不要とされる相手
- 再生資源または再生部品の仕入れ先のうち、事業者でない相手

ポイント

帳簿保存だけで仕入税額控除が認められる取引の場合は、免除された取引の「どの項目に該当」するのかを帳簿に書いておく必要があります。

13 一定規模以下の事業者は1万円未満の経費の場合、インボイスは不要!?

課税売上高が1億円以下の事業者は、少額特例として取引が税込1万円未満である場合、2023年10月1日から2029年9月30日までの間は、必要事項を記載した帳簿を保存していれば仕入税額控除が認められます。

○ 税込1万円未満の経費の場合、インボイスは必要ない

2023年10月1日から2029年9月30日までの6年間のみ、一定規模以下の事業者に限り、「事務負担の軽減措置（少額特例）」が適用されます。

一定規模以下の事業者とは、基準期間の課税売上高が1億円以下、または特定期間の課税売上高が5,000万円以下の事業者です。

「少額特例」の適用要件

●適用対象者（一定規模以下の事業者とは）
・基準期間（個人事業主は前々年）の課税売上高が1億円以下の事業者
・特定期間（個人事業主は前年1月から6月までの期間）の課税売上高が5,000万円以下の事業者

●適用期間
2023年10月1日から2029年9月30日まで

これらの一定規模以下の事業者が税込1万円未満の経費等の支払いをする場合、インボイスを入手しなくても仕入税額控除が認められます。

なお、少額特例は「税込」で1万円未満の経費のみが対象で、1回の取引額の合計が「税込1万円未満」の経費のみに適用されます。

また、免税事業者から発行された領収書も、1万円未満（税込）の場合は少額特例の対象になります。ただし、2029年10月1日以降は少額特例がなくなりますので、ご注意ください。

○ 「税込３万円未満なら請求書なしでOK」はもう過去の話

　仕入れや経費として何かを購入するとき、金額が３万円に満たないことはよくあると思います。

　インボイス制度が始まる前は、税込３万円未満の少額な仕入れであれば、請求書や領収書がなくても帳簿の保存のみで「仕入税額控除」ができました。また、税込３万円以上の買い物であっても、やむを得ない理由があるときは、請求書や領収書の保存がなくても、帳簿に一定事項を記載することで「仕入税額控除」ができました。

　しかし、そう甘くないのがインボイス制度。これまでは３万円未満（税込）なら請求書や領収書なしでも大丈夫だと「消費税法施行令」に書かれていたのが、2019年の法改正でその記述が消えてしまったのです（2023年10月１日施行）。

　したがって、**インボイス制度のもとでは、税込３万円未満の仕入れであっても、インボイスとしての請求書や領収書の入手が必要になります。**

　というわけで、税込３万円未満の少額取引であっても、インボイスを受け取り、それを７年間保存しましょう。１万円以上の会食費や事務用品などの経費も「仕入税額控除」のために、インボイスないし簡易インボイスの入手を忘れないようにしてください。

登録番号入り領収書

ポイント

少額特例は「税込」で1万円未満の経費のみが対象で、１回の取引額の合計が「税込1万円未満」の経費のみに適用されます！

Part**4** インボイスを
受け取ったときの
経費のさばき方

ふりかえり

自分がインボイスを受け取る側になったとき、仕入税額控除のためには、仕入れ先から発行されたインボイスと帳簿を7年間ちょっと保存する義務がある。

課税事業者は取引を始める前に、仕入れ先がインボイス発行事業者なのかどうか、確認しておくと安心。

インボイスの保存方法は、紙でも電子データでもOK。ただし、電子インボイスを電子データで保存するときは、「電子帳簿保存法」のルールに従う。

税込3万円未満の公共交通料金など、インボイスが不要な取引については、帳簿に必要な事項を書いておく。

クレジットカード決済をするときは、カード会社ではなく、直に取引した事業者が発行するインボイスがないと、仕入税額控除が認められない。

本来ならば、インボイスを受け取る側がインボイスに代わる仕入明細書を自分で作成する場合、正式発行の前に、売り手に内容をチェックしてもらう。

家賃などインボイスを発行しない取引では、賃貸借契約書と振込明細書を併せてインボイスに必要な記載事項が書かれていれば、仕入税額控除が認められる。

電子帳簿保存法についてもおさえる！

「請求書」「領収書」「契約書」……など、
ペーパーレス化が進む現在、おさえておくべき電子帳簿保存法！
Part 5では電子帳簿保存法のルールと
正しい電子取引データの保存方法のアレコレをご紹介！

インターネットやスマホで買い物したときの領収書はどうするの？

ネットで買ったときの領収書が、電子データできたら？

キホン電子取引の電子データの領収書もすべて保存！

ただここで難しいのが保存方法にルールがある

紙にプリントしちゃ駄目なの？

プリント

消費税法では電子データの紙保存はOK！
ただ、所得税法などは電子データの領収書は2024年1月から電子データで保存。必然的に電子データ保存のがラクかと！

紙データ

電子データ

え〜〜〜っ、どうしよう〜！

でしょ！
電子データの領収書は
面倒なのよ〜

ちなみに、請求書を
電子データで発行
するときは？

電子データで請求書を発行するときも、
規定ルールがいろいろあるんだよ

規定
ルール①

規定
ルール②

規定ルール
③

電子データのがラクそう
なのに、保存から
発行から結構
ルールが多いね

電子データ化は制約が多くて
やゃこしい！ここでは
電子取引に関しての
ルールを説明しましょう

どんだけ

01 そもそも 「電子帳簿保存法」って何?

電子インボイスを電子データで保存するときは、「電子帳簿保存法」で
決められたルールに従います。
ルールを破るとペナルティが与えられることもあるので要注意です。

○ 電子データの保存法には要注意!

インボイスは「発行した側」も「受け取った側」も7年間の保存義務が
あり、保存方法は紙でも電子データでも構わないと、ここまでお伝えして
きました。

ここで気をつけないといけないのが、電子インボイスを電子データで保
存するときの方法です。

「電子データの保存って、PDFで普通に保存すればいいんだよね?」と気楽
に考えている方もいらっしゃると思いますが、実はそれだけでは足りません。

自分がお客様へ発行した電子インボイスを電子保存するとき、あるいは
仕入れ先から自分が受け取った電子インボイスを電子保存するときは、「電
子帳簿保存法」(2024年1月1日から待ったなし)のルールに沿った方
法で保存することが定められているのです。ルールを破ると、青色申告の
取り消しや追徴課税などのペナルティが与えられるリスクもあります。

ちょっと面倒に感じたとしても、正しい保存方法を学んでおきましょう。

○ 「電子帳簿保存法」の3つのルール

「電子帳簿保存法」には、大きく分けて「電子取引データ保存」「電子帳
簿等保存」「スキャナ保存」という3つのルールがあります。この中で、
今までと異なる対応を必ずしなければならないのが、1つ目の「電子取引
データ保存」のルールです。

まずは3つのルールの概要を簡単に説明してから、「電子取引データ保
存」について Part 5-02 以降で詳しくお伝えしていきます。

「電子帳簿保存法」の３つのルール

対応が必要な制度

取引情報 → 電子取引データ保存

利用したい方が利用する制度

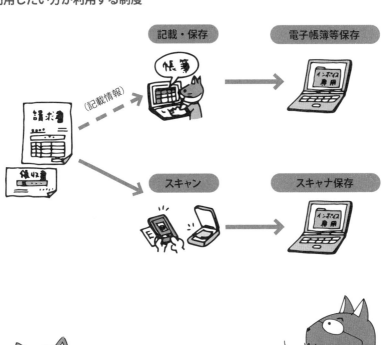

（記載情報）

記載・保存 → 電子帳簿等保存

スキャン → スキャナ保存

●「電子取引データ保存」のルール―要チェックポイント!

取引先と電子データで送受信した書類の保存法

取引先と、メール添付やクラウドサービス、インターネットなどの電子取引で送受信した書類は、原本の電子データのまま保存することが義務化されています。ちなみにややこしいのですが、この話は所得税法、法人税法の話であって、消費税法（インボイス制度が関連するのはこっち）の世界では、電子帳簿保存法の対応が必須になったあとも、紙での保存が認められています。つまり、電子データで受領したインボイスを紙に打ち出して保存している場合でも、「仕入税額控除」はできます。あくまで、所得税計算、法人税計算における経費を証明する書類としては、電子データで保存しなければならない、というルールです。しかし、同じ書類について電子データと紙の両方を保存するほうが手間なので、皆様は「電子データで送受信した書類は電子データで保存する」とお考えいただくのがシンプルでよろしいのではないかと思います。

対象になる書類 メールやクラウドサービス上など、電子データで送受信する書類すべて

●「電子帳簿等保存」のルール―要チェックポイント!

事業者が PC で作成した書類の保存法

事業者が自らPC（会計ソフトなど）で作成した書類を、電子データのまま保存するときのルールです。紙で保存する場合は、ファイルなどに整理して保存します。

対象になる書類 事業者が作成した取引書類（請求書、契約書など）、帳簿、決算書類

●「スキャナ保存」のルール―要チェックポイント!

取引先の会社から紙で受け取った書類の保存法

取引先から紙で受け取った取引書類を、スキャンするか、カメラやスマホで撮影して、画像データを保存するときのルールです（その際、原本の紙は廃棄可）。紙で保存する場合はファイルなどに整理して保存します。

対象になる書類 請求書、領収書、見積書、注文書など

○ 帳簿類の保存はどうすればいいの？

　事業者が「仕入税額控除」をするためには、帳簿も７年間保存することになっています。帳簿の保存方法についても、ここで触れておきたいと思います。まず、ノートなどに帳簿をつけている方は、これまで通り紙の保存で大丈夫です。エクセルや会計ソフトを利用して帳簿をつけている方も、これまで通りに帳簿をつけて紙に打ち出して保存できます。

　帳簿を電子データで保存したい場合は、電子帳簿保存法の要件を満たす形で保存してください。帳簿に関しては電子データでの保存は必須ではないことから、本書では、各要件に関する記載は割愛します。

　なお、「優良な電子帳簿」によって電子データで保存する場合は、「過少申告加算税（簡単にいうと、税務調査で追徴課税された場合にかかる税金）」が軽減されたり、「青色申告特別控除」が55万円から65万円になるなど、いいことがあります。

　ただ、個人事業主やフリーランスの方にとって、過少申告加算税はあまり想定されません。

　青色申告特別控除はe-Taxによる申告を行った場合でも65万円になりますので、そんなに大きなメリットがないかもしれません。

　もちろん紙で保存しなくて済むメリットはありますが、追加コストがかかることもあり得ます。

　帳簿の電子データ保存に関しては、費用対効果を勘案してご対応いただければと思います。

ポイント

「電子帳簿保存法」は大きく分けて「電子取引データ保存」「電子帳簿等保存」「スキャナ保存」という３つのルールがあります。

02 「電子取引」は どうやって保存するの?

「電子帳簿保存法」では、「電子取引」という用語がよく出てきます。「電子取引」とは取引情報の授受を電子データでやりとりする取引全般のこと。取引先とメールで電子インボイスを送受信することも当てはまります。

○ 「電子取引」って何?

Part 5 では「電子取引」という用語がよく出てくるので、この言葉について、ちょっと解説しておきます。「電子取引」とは、取引情報の授受を紙ではなく、**電子データにより行う取引全般**を指します。

例えば、電子インボイスをメールに添付して取引先と送受信することも、EDIシステムやクラウドサービスを介して取引書類をやりとりすることも、ウェブサイトからPDF化された取引書類をダウンロードすることも、AmazonなどのECサイトやスマホアプリから領収書をダウンロードすることも、電子取引に該当します。DVDなどの記録媒体やペーパーレスFAXで電子ファイルを送受信することも、電子取引です。

電子取引とは?

電子メール	電子メールで請求書や領収書などのデータを受け取る	ホームページ	インターネット上から請求書や領収書などのPDFをダウンロード
クラウド	クラウドサービスを使って、電子インボイスを受け取る	カード	クレジットカードや交通系ICカードの利用明細のクラウドサービスで、請求書や領収書などを受け取る
ペーパーレスFAX	ペーパーレスFAXで、請求書や領収書などのPDFファイルを受け取る	DVDなどの記録媒体	DVDなどの記録媒体によって、請求書や領収書などのデータを受け取る
EDIシステム	EDIシステムを使用		

> 「電子取引」とは、紙ではなく、電子データを送ったり受け取ったりする取引全般を指す

○ 電子取引のデータはどうやって保存するの？

「電子帳簿保存法」改正前は、電子取引に関する書類をプリントアウトして紙で保存することが可能でした。しかし改正後は、**電子取引に関する書類は必ず電子データで保存しないといけません。**受信した側も送信した側も、です。**重要なのは、原本の電子データのまま保存することです。取引後の電子データに変更を加えることは禁止されています。**これには、請求書の金額をあとでいじって水増しするなどの不正を防止する目的があると思われます。

○ 電子データの保存場所はどこ？

「電子取引に関する電子データは、どこに保存すべきなのか？」

この点については、**特にルールが決まっていません。**

大事なのは、税務署の職員の方に求められた際に、必要な電子データをすぐ提示できるように保存しておくことです。

それができれば、保存場所はどこでも構いません。デスクトップ、クラウドサービス、ハードディスク、USBなど**「電子帳簿保存法」の要件を満たせば、好きな場所に保存して大丈夫です。**

とはいえ、**取引に係わる電子データはなるべく1カ所にまとめて保存し**ましょう。同じ電子データを複数の場所に分散して保存したいときは、電子データのファイル名と中身を同一にしておくといいです。

バックアップ法については「電子帳簿保存法」で指定されていませんが、万が一トラブルが起きて「データ消滅」なんてことが起きても慌てないように、日頃からバックアップを取る習慣をつけておきましょう。

ポイント

原本の電子データのまま保存することは必須です。
取引後の電子データに変更を加えることは禁止されています。

03 インボイスを電子データで 受け取った場合の保存は?

取引先から電子インボイスを受け取ったら、「電子帳簿保存法」の「電子取引データ保存」のルールに従って保存します。
自己流で適当に保存してはいけません!!

○ 電子インボイスを受け取ったときのルール

　今後は、電子データでインボイスを受け取る機会が頻繁にあると思います。例えば、仕入れ先からメールでPDFのインボイスが送られてきたり、ECで購入した際のインボイスをECサイトの管理画面からダウンロードして入手するなどのシーンが考えられます。こういうときには「電子帳簿保存法」の「電子取引データ保存」のルールに従います。

　要件として、「真実性の確保」と「可視性の確保」の2つを満たさなければいけません。「真実性の確保」は、要するに保存されたデータが改ざんされないようにすることであり、「可視性の確保」は、保存されたデータを検索・表示できるようにすることです。

○ 真実性の確保・可視性の確保のために

「真実性の確保」のためには、次の「いずれか」を満たす必要があります。

●真実性の確保のための3つの方法

・電子データにタイムスタンプを付与する

・訂正や削除ができないシステム、あるいは、訂正や削除の記録がすべて残るシステムで電子データを保管する

・電子データの訂正や削除の防止に関する事務処理規程を定め、それに沿った運用を行う

「可視性の確保」のためには、次の「すべて」を満たす必要があります。

●可視性の確保のための３つの要件

・電子データを画面や書面に速やかに出力できるようにする
・電子データを保存するシステムの概要書を備えつける（ただし、自社開発のシステムの場合のみ）
・電子データに関する検索機能を確保する
　（売上規模によっては不要 168ページ参照 ）

電子取引の保存要件

真実性の確保	タイムスタンプが付与されたあとに取引情報の授受を行う	
	取引情報の授受後、タイムスタンプを付与する。また、保存を行う人は情報を確認できるようにしておく	
	訂正や削除を確認できるシステム、または、訂正や削除を行うことができないシステムで電子データの保存を行う	
	訂正や削除の防止に関する事務処理規程を定め、それに沿った運用を行う	
可視性の確保	保存場所にPC、プログラム、ディスプレイ、プリンタ及びこれらの操作マニュアルを備える。書面や画面は整理された状態にして、速やかに出力できるようにする	
	電子計算機処理システムの概要書を備えつける（ただし自社開発のシステムの場合のみ）	
	検索機能を確保する	取引年月日、取引金額、取引先について検索できること
		日付または金額の範囲指定で検索できること
		２つ以上の記録項目を組み合わせた条件で検索できること

ポイント

仕入れ先からメールでPDFのインボイスが送られた場合、電子インボイスは「真実性の確保」と「可視性の確保」の要件を満たした上で、電子保存しましょう。

04 電子取引データの保存に関する「事務処理規程」を作るとは?

「電子取引データ保存」のルールでは、電子データの「真実性の確保」
（保存されたデータの改ざん防止措置）が必要です。
その手段の1つが「事務処理規程」を作り、運用することです。

○ 「真実性の確保」のための「事務処理規程」って?

　保存されている電子データは、それが改ざんされず本物であり、信頼で
きるものでなければなりません。そのための電子データの改ざん防止措置
を、「電子帳簿保存法」では「真実性の確保」といいます。**真実性の確保**
のための具体的な方法には、「タイムスタンプの付与」「訂正や削除ができ
ない、または訂正や削除の履歴がすべて残るシステムの利用」「事務処理
規程の作成及び運用」という3つの方法があり、この中の1つ以上を行わ
ないといけません。この3つの中で、個人事業主やフリーランスの方に一
番お勧めなのが「事務処理規程」を作り、運用する方法です。コストがか
からず、やり方も簡単です。インターネットで入手できる「事務処理規程」
のフォーマットを、自分用にアレンジして作成するだけです（正式名称は
「電子取引データの訂正及び削除の防止に関する事務処理規程」）。

　個人事業主やフリーランスの方は「事務処理規程」を作成することによ
り、電子データを訂正削除する行為を原則的に禁止することや、**やむを得**
えず訂正削除を加えるときは「取引情報訂正・削除申請書」に取引に関す
る情報や訂正削除をする理由を記すといったことを、ルール化します。

　たったこれだけですが、このルールをきちんと守ることにより、保存され
ている電子データについて、「真実性の確保」ができているとみなされます。
「事務処理規程」のフォーマットには個人事業主用と法人用の2種類があ
り、内容は異なります。個人事業主やフリーランスの方は、個人事業主用
の書面を使います。書かれている内容は必要に応じて、自分の事業内容や
状況に合わせて変えていきましょう。

次に国税庁の個人事業主用の事務処理規程のフォーマット例を掲載しています。法人用が必要な方は国税庁のウェブサイト（https://www.nta.go.jp/law/joho-zeikaishaku/sonota/jirei/0021006-031.htm）をご参照ください。

事務処理規程の例

（個人事業主・フリーランスの例）

電子取引データの訂正及び削除の防止に関する事務処理規程

この規程は、電子計算機を使用して作成する国税関係帳簿書類の保存方法の特例に関する法律第7条に定められた電子取引の取引情報に係わる電磁的記録の保存義務を適正に履行するために必要な事項を定め、これに基づき保存することとする。

（訂正削除の原則禁止）

保存する取引関係情報の内容について、訂正及び削除をすることは原則禁止とする。

（訂正削除を行う場合）

業務処理上やむを得ない理由（正当な理由がある場合に限る）によって保存する取引関係情報を訂正又は削除する場合は、「取引情報訂正・削除申請書」に以下の内容を記載の上、事後に訂正・削除履歴の確認作業が行えるよう整然とした形で、当該取引関係情報の保存期間に合わせて保存することをもって当該取引情報の訂正及び削除を行う。

1．申請日
2．取引伝票番号
3．取引件名
4．取引先名
5．訂正・削除日付
6．訂正・削除内容
7．訂正・削除理由
8．処理担当者名

この規程は、2024年1月1日から施行する

ポイント

既存の「事務処理規程」のフォーマットを自分用にアレンジして作成しましょう。書かれている内容は必要に応じて、自分の事業内容や状況に合わせます。

Part
5

電子帳簿保存法についてもおさえる！

161

05 電子取引データで使う「タイムスタンプ」って何?

電子データの「真実性の確保」のためには、「タイムスタンプを付与」するという方法もあります。タイムスタンプは電子データに正確な時刻を刻むシステムです。

○ タイムスタンプで「真実性の確保」

Part 5-03 で、「真実性の確保」のための3つの方法をご紹介しましたが、ここでは**「タイムスタンプの付与」**についてお伝えしたいと思います。

もし、タイムスタンプが付与できる会計ソフトや経費精算システムなどを導入する場合は、この方法が一番ラクかもしれません。

○ タイムスタンプって何ですか?

タイムスタンプとは、**電子データに正確な時刻を刻むシステム**です。スタンプといっても、いわゆる紙に押す印鑑とは別物で、電子データ上につけることができるデジタルの機能です。

タイムスタンプが付与されることで、**そのデータが特定の時刻に存在していたことと、それ以降、誰にも改ざんされていないという信頼性の証明**ができます。

一般財団法人日本データ通信協会が定める基準を満たして認可を受けた**時刻認証業務認定事業者(TSA)**のみが、タイムスタンプを発行して付与できます。

タイムスタンプ

(引用文献:一般財団法人日本データ通信協会「タイムビジネス認定センター」、http://www.dekyo.or.jp/tb/)

○ タイムスタンプ発行の流れ

　タイムスタンプは、**電子インボイスを発行する側が付与しても、受け取る側が付与しても構いません。**

　付与するまでの流れはこうです。まず利用者が、タイムスタンプをつけたい電子インボイスなどの書類を、タイムスタンプ提供システムにアップロードします。すると、時刻認証業務認定事業者（TSA）が、電子データのハッシュ値（ある計算方法で電子文書ごとに出される値）に時刻情報を合体させて暗号にし、タイムスタンプを発行して、その書類に刻みます。

　なお、タイムスタンプを付与できるシステム（会計ソフトや経費精算システムなど）は有料のため、個人事業主やフリーランスの方があえて利用する機会は少ないかもしれません。しかし、取引先の会社が利用する可能性もありますし、こういうものがあるということはぜひ知っておいてください。

タイムスタンプの仕組み

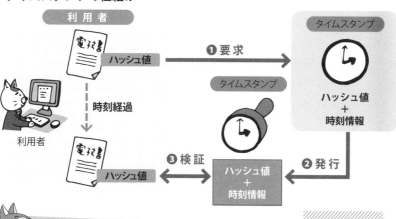

ポイント

タイムスタンプは、電子データに正確な時刻を刻むシステムです。いわゆる紙に押す印鑑とは別物で、電子データ上につけることができるデジタル機能です。

電子取引データを「訂正削除ができない状態」で保存する?

電子データの「真実性の確保」のためには電子データの保存に「訂正削除ができないシステム」または「訂正削除の履歴がすべて残るシステム」を利用するという方法もあります。

○ 「訂正削除ができないシステム」って?

「電子帳簿保存法」で「真実性の確保」を証明する手段として、 Part 5-04 では「事務処理規程」を作成する方法を、 Part 5-05 では「タイムスタンプ」を付与する方法を解説しました。

これらとは別の「真実性の確保」のための方法を、ここではご紹介します。**「訂正削除ができないシステム」または「訂正削除の履歴がすべて残るシステム」を利用する**、という方法です。

「訂正削除ができないシステム」とは文字通り、**電子データに訂正や削除など、あとから手を加えることが不可能な設定のシステムのことであり、**そして「訂正削除の履歴がすべて残るシステム」というのは、**電子データに訂正や削除などの手を加えた場合に、いつ、どこを改変したのか記録が残るシステム**のことをいいます。

具体策としては、第三者が提供するクラウドサービスシステムと契約して、そのクラウドサービスシステムに電子データを保存する、という対応が必要となります。

ポイントは、「第三者が提供しているシステム」に保存するという点です。

自分が作ったシステムではダメなのです。

なぜなら、自分が作ったシステムだと、あとで訂正や削除ができる抜け道をこっそりと設定してしまう可能性があるからです。

あくまでも、第三者である他者が作ったシステムで、その他者がフォルダの権限設定をしており、他者がコントロールしているシステムであることが肝心です。

このように、そもそもデータの「訂正削除ができない」、あるいは「訂正削除の履歴がすべて残る」システムに電子データが保存されるのであれば、脱税や粉飾目的などのデータの改ざんは極めて困難になります。

このような体制により、電子データの「真実性の確保」ができるのです。

○ 訂正削除ができないシステムはお金がかかる

第三者が提供するクラウドサービスなどを利用したいときは、タイムスタンプと同様で、有料の外部システムと契約する必要があります。

初期費用だけでなく、利用料も支払い続けるため、個人事業主やフリーランスの方がこの方法を用いる機会は多くないかもしれません。

会計ソフトなどを利用していることでタイムスタンプが無料で使える、といった状況を除けば、個人事業主やフリーランスの方が電子データの保存に関する「真実性の確保」のためには、 Part 5-04 でご紹介した「事務処理規程」を作成し運用する方法が、もっともリーズナブルといえるでしょう。

ポイント

電子データを改ざんすることが技術上不可能な、第三者が提供するシステムと契約して電子データを保存すれば、客観的な「真実性の確保」が証明されます!

07 「電子取引」の「可視性の確保」ってどうすればいいの?

「電子取引データ保存」のルールでは、保存される電子データについて「真実性の確保」と「可視性の確保」の両方を満たす必要があります。ここでは「可視性の確保」について見ていきます。

○ 「可視性の確保」って何?

「可視性の確保」には、159ページの3つの要件で説明した通り、「画面や書面に速やかに出力できるようにする」「システムの概要書を備えつける(ただし自社開発のシステムの場合のみ)」「検索機能を確保する」のすべてを満たさなければいけません。1つ目は「税務職員のリクエストで、保存データをパソコンの画面で閲覧でき、プリントアウトして書類を渡せる状態にする」だけなので、単にディスプレイやプリンタにつながる状態であればOKです。2つ目については、自社開発システムで電子データを保存する場合だけなので、ほとんどの方には関係ありません。3つ目についてのみ、もう少し見ていきましょう。

○ 電子データの検索について

電子データの検索は、次のようにできることが求められます。

---

❶ 「取引年月日」「取引金額」「取引先」を検索の条件として設定できること
❷ 日付または金額について、範囲指定して検索できること
❸ 上記❶の2つ以上の項目を組み合わせて検索できること

なお、税務調査の際に、電子データのダウンロードがタイムリーにできるような体制があれば、❷と❸の要件は不要です。そのため、個人事業主やフリーランスがケアすべきは❶のみで十分だと思います。

そこで、本書では❶のみを深掘りしてみます。

○ 「取引年月日」「取引金額」「取引先」で検索できるように

　電子データ保存用のシステム（会計ソフトや経費精算システムなどの付随機能を含む）を利用していれば、検索機能については特に気にする必要はないと思います。それ以外の、シンプルなクラウドサーバーやハードディスクなどに保存する場合は、自分でデータを検索できるように工夫する必要があります。そのための手段は何でもいいのですが、例えば、**電子ファイル自体に規則性のある名前をつける**ことが考えられます。「取引年月日」「取引金額」「取引先」で検索できればいいわけですから、その規則に従ってファイル名をつけていきます。例えば「20240930_150,000_（株）いろは工房」のように、「取引年月日_金額_取引先の名前」という規則性をもったファイル名にそろえるといいでしょう。

　あるいは、次の表のような索引簿を別途エクセルで作成し、電子ファイル名は番号順にするといった方法でも検索可能となるでしょう。

ファイル検索用のリスト

検索例

ファイルNo.	日付	金額	取引先	備考
1	20240131	500,000	イヌ波書店	請求書
2	20240214	10,000	肴家	領収書
3	20240228	20,000	犬田電機（株）	領収書
⋮	⋮	⋮	⋮	⋮

ポイント

「可視性の確保」とは、保存した電子ファイルをあとで検索したいとき、すぐ見つけられるやり方で保存しておくということです。

08 電子データ検索機能の 確保の要件が不要な場合

基準期間（前々年）の売上高が「5,000万円以下」の事業者の場合、「検索機能の確保」の要件が不要になりました。

○ 個人事業主やフリーランスには検索機能の確保は不要!?

Part 5-07 では、「電子取引データの保存」のルールについて説明しましたが、**基準期間（前々年）の売上高が「5,000万円以下」の事業者の場合、「検索機能の確保」の要件は不要**とされています。つまり、多くの個人事業主やフリーランスにとって、「検索機能の確保」の要件は不要だといえそうです。

ただし、「検索機能の確保」の要件が不要とされる代わりに、税務調査などの際に、電子取引データをプリントアウトした書面を、取引年月日、その他の日付及び取引先ごとに整理された状態で提出できるようにしておかなければなりません。

なお、**基準期間の「売上高」とは、営業外収益や特別利益を含んでおらず、また、「課税売上高」とは内容が異なる**ので注意が必要です。

検索機能の確保が不要になる事業者の要件

- ・基準期間（前々年）の売上高が5,000万円以下の事業者
- ・税務調査などの際に、電子取引データをプリントアウトした書面を、取引年月日、その他の日付及び取引先ごとに整理された状態で提出できるようにしておくこと

ちなみに、検索機能の確保が不要となる「電子取引データをプリントアウトした書面を、取引年月日、その他の日付及び取引先ごとに整理された状態で提出できるようにしておく」ためには、具体的に次のようなことが考えられます。

検索機能の確保が不要になる状態の具体例

❶ プリントアウトした書面を、課税期間ごとに、取引年月日その他の日付の順にまとめた上で、取引先ごとに整理する

❷ プリントアウトした書面を、課税期間ごとに、取引先ごとにまとめた上で、取引年月日その他の日付の順に整理する

❸ 書類の種類ごとに❶または❷と同様の方法で整理する

（引用文献：国税庁「電子帳簿保存法一問一答【電子取引関係】」、https://www.nta.go.jp/law/joho-zeikaishaku/sonota/jirei/pdf/00023006-044_03-5.pdf）

　このように、「検索機能の確保が不要になる要件」を満たしていれば検索機能は不要になります。ただし、実作業では Part 5-07 でお伝えしたように、電子取引データはエクセルなどで検索ができるようにまとめておいたほうが、唐突な税務調査が来たときにも素早く対応ができ、負担は少ないと思います。

　余計にひと手間かかると思われるかもしれませんが、電子取引のデータは、すき間時間を使って整理しておくことをお勧めします。

ポイント

基準期間の「売上高」とは、営業外収益や特別利益を含んでおらず、「課税売上高」とは内容が異なりますので、注意しましょう。

09 「電子取引」の保存ルールを 破ると罰則があるの?

「電子帳簿保存法」のルールに違反したことがわかったら、青色申告の承認が取り消される可能性があります。また、悪質な場合は、重加算税の対象になることもあります。

○ ルール違反は青色申告の承認取り消しの可能性も

Part 5 では、「電子帳簿保存法」の「電子取引データ保存」に関する要件を説明してきました。

もし、このルールに違反していることが税務調査などの際にわかった場合、罰則が与えられることもあります。

主な罰則は、青色申告の承認が取り消される可能性があることです。

きちんと保存するべき紙の書類が保存されていないのと同様、きちんと保存するべきデータが保存されていないということは、青色申告の承認を得ている事業者としてふさわしくないと考えられる可能性があるのです。

ただし、これは違反の程度を総合的に勘案して決定されるようですから、少しのミスで直ちに青色申告の承認が取り消されるわけではなさそうです。

他の罰則としては、追徴課税（税務調査で指摘されて支払う元の納付税額との差額）や、その附帯税（延滞税や加算税）を課されることが考えられます。

これは紙の書類の場合もそうですが、電子データの不備により、経費の証明ができなくなった場合（そんなことは滅多にないと思いますが）、課税所得が多くなりますので、追徴課税の対象になり得るということです。

なお、電子データに関して改ざん等の不正があった場合、例えば、電子取引で受け取った電子データを自分で勝手に削除や、内容を改ざんして経費の水増しや売上除外などを行ったら、さらに重加算税（通常の加算税に代えて課される重い附帯税）の対象になります。故意に改ざんをしてはいけないのはもちろんですが、うっかりミスで誤って電子データを削除

してしまったり、内容を書き換えてしまったりすることのないよう、電子データの扱いには気をつけましょう。

○ 災害などのときは電子データの保存は不要？

災害などのやむを得ない事情が発生した場合でも、電子データの保存義務が免除されることはありません。いかなるときも、きちんとルールに基づいて電子保存する必要があります。

しかし、災害などをきちんと証明できた場合は、「電子帳簿保存法」で定められている電子データの保存要件を完全に満たすことができなくても、OKである旨が規定されています。

また、災害などでPCが破損し、データが消えるなどのトラブルがあったときは、単に電子データがなくなってしまったことのみで義務違反を問われることはなさそうです。

災害などの緊急事態が起きたときは、そのやむを得ない事情が落ち着いてから、早めに取引先や金融機関に相談して、該当する電子データを復元できるように努めましょう。

ポイント

主な罰則は、「青色申告の承認取り消し」「追徴課税」「附帯税」を課されるなどです。くれぐれもデータの故意の削除や改ざんはしないようにしましょう。

Part **5** 電子帳簿保存法
についてもおさえる！

ふりかえり

「電子帳簿保存法」は、国税（所得税・法人税）に関する取引書類や帳簿を電子保存するときのルール。2024年1月1日から正式にスタート。

原本は電子データのままで保存する。取引後の電子データに変更を加えることは禁止！

電子データでインボイスを受け取った場合、「電子帳簿保存法」の「電子取引データ保存」のルールに従う。要件として「真実性の確保」と「可視性の確保」の2つを満たす必要がある。

Amazonなどの EC サイトで経費に該当する買い物をしたら、領収書などの取引書類はプリントアウトせず、電子データのまま保存しないといけない。

電子データの取引書類を電子保存するとき、改ざんされていないことを証明する必要がある。個人事業主やフリーランスがやりやすいのは「事務処理規程」の作成。

電子データは、あとですぐに見つけ出せるよう、秩序あるファイル名をつけて保存する。検索しやすくするための工夫が必要。

「電子帳簿保存法」に違反したら、青色申告取り消しや重加算税などのペナルティが与えられるかもしれないので注意。

Part **6**

消費税の確定申告の
準備をしよう

インボイス登録して課税事業者になると、
避けて通れないのが消費税の確定申告！
一見、難しそうな確定申告だが、
コツをつかめばスムーズな申告と納付の手続きができる。
Part 6では、消費税の確定申告にまつわるアレコレをご紹介！

消費税も確定申告が必要

消費税の納付って
どうするの？

税

FRee

税務署

確定申告

確定申告だよ

えっ、所得税の
確定申告で
いいの？

消費税の
確定申告です！

あっ、見たことある、
確定申告する
ときに！

所得税の
確定申告と
ともに、

所得税
の
確定申告

「消費税及び地方
消費税の確定申告」も
毎年するんだよ

消費税
及び
地方消費税
の確定申告

いつするの？

消費税の確定申告は 1月1日から 3月31日が期限。ちなみに 国税庁の 確定申告書等作成コーナーで「消費税」の 確定申告はできるよ！

国税庁 webページ

確定申告書 等作成コーナー

消費税の確定申告も すると思うと、ハードルが 高いなぁ～～

うう～っ

初めてだと 不安に思うかも しれないけど、所得税の 確定申告とそんなに変わらない から大丈夫！

どんより

それでは、消費税の 確定申告の 流れを お教え しましょう

どんだけ～っ

01 「消費税及び地方消費税の確定申告」ってどうするの？

インボイス登録して課税事業者になったら、消費税の確定申告を行って、納付する義務が発生します。個人事業主やフリーランスの消費税の申告と納付期間は、毎年1月1日〜3月31日の3カ月間です。

○ インボイス登録したら、消費税の確定申告はいつ？

　免税事業者だった個人事業主やフリーランスが課税事業者になったら、これまで行ってきた所得税の確定申告とは別に、**「消費税及び地方消費税の確定申告」** もしなければなりません。

　個人事業主やフリーランスの方がインボイス発行事業者になった場合、**消費税の確定申告は、翌年の1月1日〜3月31日**です。そのときの課税対象期間はインボイス発行事業者になった前年のその日から12月31日までです。免税事業者の期間に行われた取引については、消費税の納税義務はありません。

課税事業者になった場合の課税期間

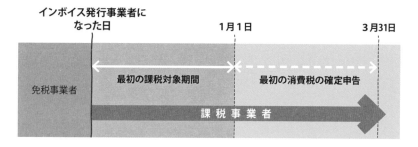

　ちなみに、個人事業主やフリーランスの2024年「消費税及び地方消費税の確定申告書」の提出と納付期間は、2025年1月1日〜3月31日です。そのときの課税対象期間は2024年1月1日〜12月31日になります。

法人の場合、「消費税及び地方消費税の確定申告」と納付の期間は、基本的に年度の課税期間末日の翌日から２カ月以内です（延長申請を出せば１カ月申告期限を延ばすことができますが、納付期限は変わりません）。

○ 消費税の申告と納付をしなかったらどうなるの？

課税事業者が消費税の確定申告の法定納付期限までに消費税の確定申告と納付をしなかった場合は、ペナルティとして**「無申告加算税」**と**「延滞税」**が発生します。「無申告加算税」は、法定納付期限のあとに自主的に申告を行った場合、納付税額の５％がかかるとお考えいただければと思います。税務調査の際に申告していなかったことが判明した場合は、もっと重い料率（納付税額50万円までは15％、50万円超の部分は20％）となるので、期限後でも自主的に申告は行うようにしてください。

なお、期限後の申告が、法定納付期限の申告期限（個人の場合は３月31日）から１カ月以内に自主的に行われ、法定納付期限（これも個人の場合は３月31日）までに納付税額の全額を納付済み（多めの概算額を払って、あとで還付を受けるのでもOK）といった、一定の要件を満たした場合は「無申告加算税」がかからないこともあります。納付税額が大きい場合は、「無申告加算税」がバカにならない金額になりますので、申告が間に合わない場合でも事前に打てる手を考えて対応しましょう。

「延滞税」については、法定納付期限から実際に納付するまでの期間にわたり、納付税額に対して年率２％から３％（詳細は国税庁ウェブサイトをご参照ください）くらいかかる可能性があります。なお、確定申告のみ済んでいる場合は、確定申告から２カ月経過したら年率がぐっと跳ね上がりますので（９％近く）ご留意ください。

ポイント

個人事業主やフリーランスの「消費税及び地方消費税の確定申告書」の提出と納付期間は、課税対象期間の翌年の1月1日〜3月31日です。

02 「消費税及び地方消費税の確定申告」の流れ

「消費税及び地方消費税の確定申告」を行うときの流れを確認しましょう。消費税の計算をするときは「売上、仕入れ別」「消費税の税率別」「税区分別」に金額を集計した集計表（帳簿から集計）、中間納付があった場合の納付書が必要です。

○ 確定申告はまず消費税額の計算から

「消費税及び地方消費税の確定申告」は、次の流れで行います。

まず、課税対象期間に行われた取引の中から課税取引を整理 114ページ参照 します。次に、課税売上高に係わる消費税額を計算し、課税仕入高に係わる消費税額を計算し、差し引きして納付する消費税額（国税）を計算 98ページ参照 します。そのあと、納付する地方消費税額を計算 99ページ参照 します。

最後に、消費税額と地方消費税額を合計し、申告書に記入します。

確定申告の流れ

課税対象期間の課税取引を整理

売上税額から仕入税額を差し引きし、納付する消費税額（国税分）を計算
（簡易課税制度の場合は「みなし仕入率」で仕入税額を計算）

納付する地方消費税額を計算

納付する消費税額と地方消費税額を合計
（2割特例の場合は、課税売上高に20%をかけて納付税額を計算）

○ 確定申告の計算で参考になるもの

申告書を作成するときには、帳簿がベースになりますので、手もとに準備しておきましょう。

確定申告の計算は帳簿がベース

書類	内容
区分ごとの集計表	「売上、仕入れ別」、「消費税の税率別(8％、10％)」、「税区分別(課税取引、非課税取引、免税取引、不課税取引)」に金額を集計(帳簿から集計。会計ソフトを利用している場合は、メニュー内に集計機能があるのが通常)
中間納付した際の納付書	消費税(国税)、地方消費税(地方税)別に中間納付の金額がわかる資料

ポイント

確定申告の流れは、課税対象期間の課税取引を整理し、売上の消費税から仕入れの消費税を差し引いて、納付する消費税と地方消費税の合計金額を申告書に記入します。

03 消費税の中間納付って?

もし消費税（地方消費税は含みません）の納付税額が48万円を超えたら、翌年は消費税の中間納付を行うことになります。中間納付の回数や金額は、前年の消費税の納付税額によって決められています。

○ 納付税額が48万円を超えたら中間納付の対象？

納付した消費税が48万円を超えたら、次の年に**中間納付をしないといけなくなります**。中間納付とは、**確定申告よりも前の時期に、消費税の一部を納付する**というものです。つまり、**「税金の分割前払い」**です。

主な目的は、事業者の目線でいえば一気に納付する負担を減らすことであり、国の目線でいえば早く税金を徴収することです。

○ 中間納付税額と申告回数は前年の納付税額次第

「前年の納付税額が48万円超え」といいましたが、これは**国税のみの金額**を指しています。つまり、前年に納めた消費税（国税分のみ）が48万円を超えたら、翌年に中間納付をします。納付税額によって、中間納付税額や申告回数は変わります。例えば前年に国税を100万円納付した事業者は、次ページの表の「48万円超えから400万円以下」に当てはまるので、中間申告は1回、中間納付する税額は、前回納付した消費税額（国税）の$\frac{1}{2}$です。計算式は次の通りです。

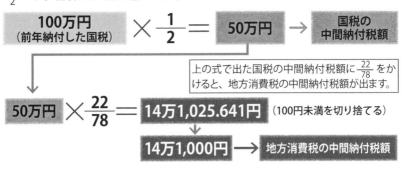

100万円（前年納付した国税） $\times \frac{1}{2} =$ 50万円 → 国税の中間納付税額

上の式で出た国税の中間納付税額に$\frac{22}{78}$をかけると、地方消費税の中間納付税額が出ます。

50万円 $\times \frac{22}{78} =$ 14万1,025.641円 （100円未満を切り捨てる）

14万1,000円 → 地方消費税の中間納付税額

消費税の中間納付額

前年の課税期間の 確定消費税額	48万円超えから 400万円以下	400万円超えから 4,800万円以下	4,800万円超え
中間申告の回数	年1回	年3回	年11回
中間申告提出・ 納付期限	8月31日 （法人は年度が始まってから**8カ月目**の末日）	5月31日、8月31日、11月30日 （法人は年度が始まってから**5カ月目**、**8カ月目**、**11カ月目**の末日）	5月31日から翌年1月末日まで毎月末日。個人事業主は初回のみ3回分納付 （法人は年度が始まってから**3カ月目**から**13カ月目**までの毎月末日）
中間納付税額 （1回当たりの納付税額）	前年の消費税額の $\frac{1}{2}$	前年の消費税額の $\frac{1}{4}$（合計 $\frac{3}{4}$）	前年の消費税額の $\frac{1}{12}$（合計 $\frac{11}{12}$）

（引用文献：AirREGIマガジン「消費税の中間納付とは？ 納税を分散させて負担を軽くしよう」、https://airregi.jp/magazine/guide/4027/）

○ 中間納付税額の計算方法

　中間納付税額の計算方法は、実は**「予定申告方式」**と「仮決算方式」の2つあります。先ほどまでご説明してきたのが「予定申告方式」であり、勝手に税務署から納付書が送られてくるので、申告がラクな方法です。

　一方、「仮決算方式」では**中間申告の対象期間（年1回の場合は年度開始から6カ月間ごと、年3回の場合は4カ月間ごと、年11回の場合は1カ月間ごと）を1つの会計期間ととらえて仮決算を行い、これに基づいて中間納付税額を算出します。**「予定申告方式」よりかなり面倒ですが、今年の消費税の納付税額が前年より減りそうな場合は中間納付税額を減らせます。

　ちなみに中間納付も、期限より納付が遅れると延滞税が発生します。

ポイント

中間納付とは、「税金の分割払い」です。消費税の確定申告よりも前の時期に、消費税の一部を納付するというものです。

04 「消費税及び地方消費税の確定申告」に必要な書類

消費税の計算方法は「一般課税（原則課税）」と「簡易課税制度」と「２割特例」の３つ。それぞれ確定申告の際に提出する書類も異なります。書き方も違うので、書類を間違えないように気をつけましょう。

○ 消費税の確定申告に必要な基本の提出書類

「消費税及び地方消費税の確定申告」では、「一般課税（原則課税）」による場合と「簡易課税制度」を適用する場合とで提出書類が変わります。

「消費税及び地方消費税の確定申告」の基本の申告書は２種類

一 般 課 税	簡 易 課 税 制 度
消費税及び地方消費税の確定申告書第１表（一般用）及び第２表	消費税及び地方消費税の確定申告書第１表（簡易課税用）及び第２表
付表1-3　税率別消費税額計算表兼地方消費税の課税標準となる消費税額計算表（一般用）	付表4-3　税率別消費税額計算表兼地方消費税の課税標準となる消費税額計算表（簡易課税用）
付表2-3　課税売上割合・控除対象仕入税額等の計算表（一般用）	付表5-3　控除対象仕入税額等の計算表（簡易課税用）
〈還付申告がある場合〉消費税の還付申告に関する明細書（個人事業者用）	なし

○ 期間限定「2割特例」の申告に必要な提出書類

前々年の課税売上高が1,000万円以下であるなど、免税事業者の要件を満たしているインボイス発行事業者は、2023年10月1日から2026年12月31日までの期間は、「2割特例」を適用できます。2割特例 112ページ参照 を適用する場合は、「消費税及び地方消費税の確定申告」の際、次の書類を提出します。

2割特例の提出書類

提出書類	内容
付表6　税率別消費税額計算表	・課税売上の計算 ・課税標準額の計算 ・特別免税控除額の計算
消費税及び地方消費税の確定申告書第1表（一般用または簡易課税用）及び第2表	・申告書第2表を記載 ・申告書第1表を記載 ・消費税額及び地方消費税額の計算 ・2割特例適用の付記

○ 消費税の申請書類を入手しよう

確定申告の書類は税務署へ行って入手するか、国税庁ウェブサイトからダウンロードしてプリントアウトしましょう。なお、税法の改正などで内容が変わる場合があるので、書類は必ず最新版を使用しましょう。

書類に必要事項を記入したら、税務署へ持参するか郵送で提出します。

国税庁ウェブサイト「確定申告書等作成コーナー」では、オンラインで「消費税の確定申告」の申告書類が作成できます。入力が完了したらプリントアウトして、税務署へ持参または郵送するか、e-Taxで電子申請します。

e-Taxを利用するときは、マイナンバーカードとICカードリーダライタあるいは、e-Tax用のIDとパスワードが必要です。

○ 消費税の納付方法とは？

　納付する消費税の金額は自分で確定申告し、納付期限までの好きなタイミングで納付します。納付期限は確定申告の提出期限と同じ 3 月31日です。納付は次の方法で行えます。

消費税の納付方法

納付手続き	納付方法
窓口納付	税務署や金融機関の窓口で納付する方法
振替納税	預貯金口座をあらかじめ税務署へ届出。口座振替で支払期日までに納付する方法
クレジットカード納付	「国税クレジットカードお支払いサイト」から納付する方法（カード利用限度額など制限あり）
コンビニ納付（QRコード）	国税庁ウェブサイトやe-TaxでQRコードを作成して、対応するコンビニエンスストアで納付する方法（対応できるコンビニは限定的、30万円以下の制限あり）
ダイレクト納付	e-Taxにより確定申告データを送信したあと、あらかじめ登録した預金口座から、納付日（ただし納付期限より前）を指定して引き落とす方法
インターネットバンキング等	インターネットバンキング等から納付する方法

○ 一般課税を適用した「消費税及び地方消費税の確定申告」の記入例

「付表2-3　課税売上割合・控除対象仕入税額等の計算表」の記入例

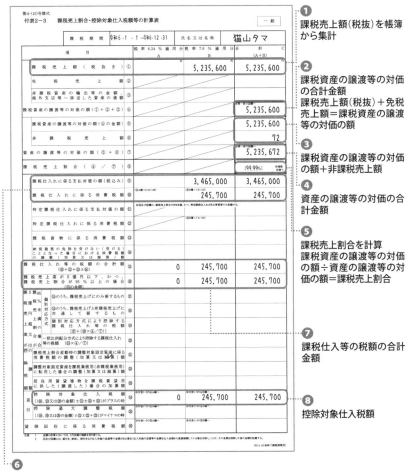

❶
課税売上額（税抜）を帳簿
から集計

❷
課税資産の譲渡等の対価
の合計金額
課税売上額（税抜）＋免税
売上額＝課税資産の譲渡
等の対価の額

❸
課税資産の譲渡等の対価
の額＋非課税売上額

❹
資産の譲渡等の対価の合
計金額

❺
課税売上割合を計算
課税資産の譲渡等の対価
の額÷資産の譲渡等の対
価の額＝課税売上割合

❼
課税仕入等の税額の合計
金額

❽
控除対象仕入税額

❻
課税仕入に係わる消費税額を計算
課税仕入高の合計（税込）×（6.24/108または7.8/110）
－仕入対価の返還等の金額（税込）×（6.24/108または
7.8/110）＝課税仕入に係わる消費税額

Part
6

消費税の確定申告の
準備をしよう

185

「付表1-3 税率別消費税額計算表兼地方消費税の課税標準となる消費税額計算表」の記入例

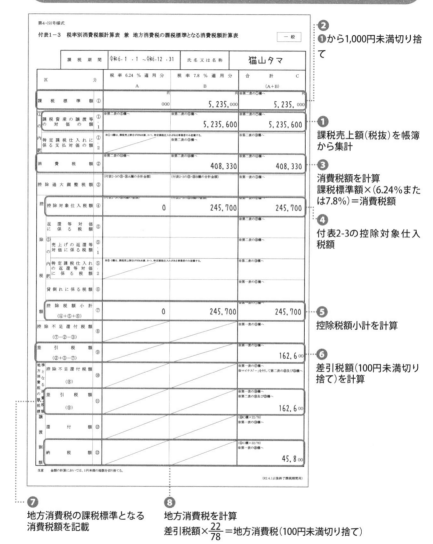

❷ ❶から1,000円未満切り捨て

❶ 課税売上額（税抜）を帳簿から集計

❸ 消費税額を計算
課税標準額×（6.24%または7.8%）＝消費税額

❹ 付表2-3の控除対象仕入税額

❺ 控除税額小計を計算

❻ 差引税額（100円未満切り捨て）を計算

❼ 地方消費税の課税標準となる消費税額を記載

❽ 地方消費税を計算
差引税額×$\frac{22}{78}$＝地方消費税（100円未満切り捨て）

「第二表　課税標準額等の内訳書」の記入例

❶
申告する事業者の氏名、現住所、
電話番号、屋号を記載

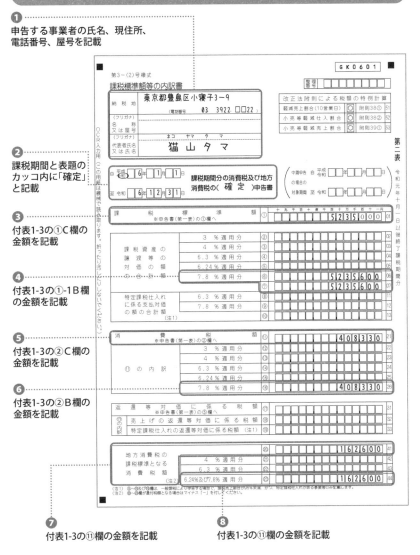

❷
課税期間と表題の
カッコ内に「確定」
と記載

❸
付表1-3の①C欄の
金額を記載

❹
付表1-3の①-1B欄
の金額を記載

❺
付表1-3の②C欄の
金額を記載

❻
付表1-3の②B欄の
金額を記載

❼
付表1-3の⑪欄の金額を記載

❽
付表1-3の⑪欄の金額を記載

第3-(2)号様式

課税標準額等の内訳書

GK0601

納　税　地	東京都豊島区小寒子3-9
	（電話番号）　03　3922-□□22

改正法附則による税額の特例計算

軽減売上割合（10営業日）	○	附則38①	51
小売等軽減仕入割合	○	附則38②	52
小売等軽減売上割合	○	附則39①	53

第二表

令和元年十月一日以後終了課税期間分

（フリガナ）	
名　　称 又は屋号	
（フリガナ）	ネコ　ヤマ　　タマ
代表者氏名 又は氏名	猫山タマ

自 平成 令和　6 年 1 月 1 日
至 令和　6 年 12 月 31 日

課税期間分の消費税及び地方
消費税の（　確定　）申告書

中間申告 自 平成 令和
の場合の
対象期間 至 令和

課　税　標　準　額 ※申告書（第一表）の①欄へ	①	5 2 3 5 0 0 0	01

課税資産の 譲渡等の 対価の額 の合計額	3　％適用分	②		02
	4　％適用分	③		03
	6.3 ％適用分	④		04
	6.24 ％適用分	⑤		05
	7.8 ％適用分	⑥	5 2 3 5 6 0 0	06
	⑦	5 2 3 5 6 0 0	07

特定課税仕入れ に係る支払対価 の額の合計額 (注1)	6.3 ％適用分	⑧		11
	7.8 ％適用分	⑨		12
	⑩		13

消　費　税　額 ※申告書（第一表）の②欄へ	⑪	4 0 8 3 3 0	21

⑪ の 内 訳	3　％適用分	⑫		22
	4　％適用分	⑬		23
	6.3 ％適用分	⑭		24
	6.24 ％適用分	⑮		25
	7.8 ％適用分	⑯	4 0 8 3 3 0	26

返還等対価に係る税額 ※申告書（第一表）の⑤欄へ	⑰		31
⑰の 内訳	売上げの返還等対価に係る税額	⑱		32
	特定課税仕入れの返還等対価に係る税額 (注1)	⑲		33

地方消費税の 課税標準となる 消費税額	⑳	1 6 2 6 0 0	41
	4　％適用分	㉑		42
	6.3 ％適用分	㉒		43
	6.24%及び7.8%適用分	㉓	1 6 2 6 0 0	44

（注1）①～⑩及び⑱欄は、一般課税により申告する場合で、課税売上割合が95％未満、かつ、特定課税仕入れがある事業者のみ記載します。
（注2）⑳～㉓欄が還付税額となる場合はマイナス「－」を付してください。

OCR入力用 この用紙は機械で読み取ります。折ったり汚したりしないでください。

187

Part
6
消費税の確定申告の
準備をしよう

「第一表　課税期間分の消費税及び地方消費税の確定申告書」の記入例

❷
課税期間と表題のカッコ
内に「確定」と記載

❶
提出日、提出先の税務署名、申告する事業者の氏名、現住所、
電話番号、屋号、マイナンバー（個人番号）を記載

❸
申告書第二表の
①欄の金額を記載

❹
申告書第二表の
⑪欄の金額を記載

❺
付表1-3の④C欄
の金額を記載

❻
付表1-3の⑦C欄
の金額を記載

❼
付表1-3の⑨欄の
金額を記載

❽
差引税額⑨欄－中
間納付税額⑩欄
＝納付税額の金額を
記載

❾
付表2-3の④欄の
金額を記載

❿
付表2-3の⑦欄の
金額を記載

⓫
付表1-3の⑪欄の
金額を記載

⓬
付表1-3の⑬欄の
金額を記載

⓭
納付税額⑳欄－
中間納付譲渡割
額㉑欄＝納付譲
渡割額を記載

⓮
消費税及び地方
消費税の合計税
額を記載

⓯
2年前の課税売
上高を記載

簡易課税制度を適用した「消費税及び地方消費税の確定申告」の記入例

「付表4-3 税率別消費税額計算表兼地方消費税の課税標準となる消費税額計算表」の記入例

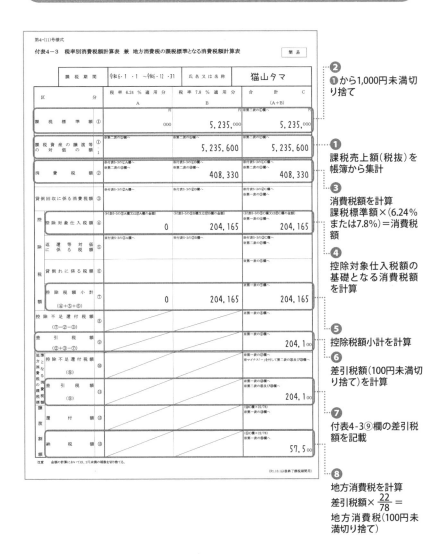

第4-(11)号様式

付表4-3 税率別消費税額計算表 兼 地方消費税の課税標準となる消費税額計算表　　　簡易

| 課税期間 | 令和6・1・1～令和6・12・31 | 氏名又は名称 | 猫山タマ |

右側の注釈:

❷
❶から1,000円未満切り捨て

❶
課税売上額（税抜）を帳簿から集計

❸
消費税額を計算
課税標準額×（6.24%または7.8%）＝消費税額

❹
控除対象仕入税額の基礎となる消費税額を計算

❺
控除税額小計を計算

❻
差引税額（100円未満切り捨て）を計算

❼
付表4-3⑨欄の差引税額を記載

❽
地方消費税を計算
差引税額 $\times \dfrac{22}{78}$ ＝
地方消費税（100円未満切り捨て）

Part
6
消費税の確定申告の準備をしよう

189

「付表5-3　控除対象仕入税額等の計算表」の記入例

❶

付表4-3②欄を記載

第4-(12)号様式

付表5-3　控除対象仕入税額等の計算表

| | 簡易 |

| 課税期間 | 令6・1・1 ～令6・12・31 | 氏名又は名称 | 猫山タマ |

Ⅰ 控除対象仕入税額の計算の基礎となる消費税額

項　目		税率6.24%適用分 A	税率7.8%適用分 B	合計 C (A+B)
課税標準額に対する消費税額	①	(付表4-3の①A欄の金額)　円	(付表4-3の①B欄の金額) 408,330　円	(付表4-3の①C欄の金額) 408,330　円
貸倒回収に係る消費税額	②	(付表4-3の②A欄の金額)	(付表4-3の②B欄の金額)	(付表4-3の②C欄の金額)
売上対価の返還等に係る消費税額	③	(付表4-3の③A欄の金額)	(付表4-3の③B欄の金額)	(付表4-3の③C欄の金額)
控除対象仕入税額の計算の基礎となる消費税額 （① + ② - ③）	④	0	408,330	408,330

Ⅱ 1種類の事業の専業者の場合の控除対象仕入税額

項　目		税率6.24%適用分 A	税率7.8%適用分 B	合計 C (A+B)
④ × みなし仕入率 （90%・80%・70%・60%・50%・40%）	⑤	※付表4-3の①A欄～　円	※付表4-3の①B欄～ 204,165　円	※付表4-3の①C欄～ 204,165　円

Ⅲ 2種類以上の事業を営む事業者の場合の控除対象仕入税額

(1) 事業区分別の課税売上高(税抜き)の明細

| | 税率6.24%適用分 | 税率7.8%適用分 | 合計 C |

❷ 適用税率ごとに、付表5-3①～③欄の金額から、控除対象仕入税額の基礎となる消費税額を計算

❸ 付表5-3④欄に該当する事業のみなし仕入率をかけて、控除対象仕入税額を計算

❹ 付表5-3の「Ⅲ 2種類以上の事業を営む事業者の場合の控除対象仕入税額」以降は、複数の事業を営む事業者のみが記載

簡易課税制度を適用した「第二表　課税標準額等の内訳書」の記入例

❶
申告する事業者の氏名、現住所、
電話番号、屋号を記載

第3-(2)号様式

課税標準額等の内訳書

納税地	東京都豊島区小寒子3-9
	（電話番号　03- 3922 -□□22 ）

（フリガナ）	
名　　称 又は屋号	

（フリガナ）	ネコ　ヤマ　タマ
代表者氏名 又は氏名	猫山タマ

GK0601

整理番号　□□□□□□□□

改正法附則による税額の特例計算

軽減売上割合(10営業日)	○	附則38①	51
小売等軽減仕入割合	○	附則38②	52
小売等軽減売上割合	○	附則39①	53

第二表

❷
課税期間と表題の
カッコ内に「確定」
と記載

自 平成 6 1 1
至 令和 6 12 31

課税期間分の消費税及び地方
消費税の（ 確定 ）申告書

中間申告 自 平成
の場合の 令和
対象期間 至 令和

令和元年十月一日以後終了課税期間分

❸
付表4-3の①C欄の
金額を記載

課　税　標　準　額 ※申告書（第一表）の①欄へ	①		5 2 3 5 0 0 0	01

❹
付表4-3の①-1B欄
の金額を記載

課税資産の 譲渡等の 対価の額 の合計額	3 ％ 適用分	②		02
	4 ％ 適用分	③		03
	6.3 ％ 適用分	④		04
	6.24 ％ 適用分	⑤		05
	7.8 ％ 適用分	⑥	5 2 3 5 6 0 0	06
		⑦	5 2 3 5 6 0 0	07

❺
付表4-3の①-1C欄
の金額を記載

特定課税仕入れ に係る支払対価 の額の合計額 (注1)	6.3 ％ 適用分	⑧		11
	7.8 ％ 適用分	⑨		12
		⑩		13

❻
付表4-3の②C欄の
金額を記載

消　　費　　税　　額 ※申告書（第一表）の②欄へ	⑪		4 0 8 3 3 0	21

❼
付表4-3の②B欄の
金額を記載

⑪ の 内 訳	3 ％ 適用分	⑫		22
	4 ％ 適用分	⑬		23
	6.3 ％ 適用分	⑭		24
	6.24 ％ 適用分	⑮		25
	7.8 ％ 適用分	⑯	4 0 8 3 3 0	26

返還等対価に係る税額 ※申告書（第一表）の③欄へ	⑰		31
⑰の 内訳	売上げの返還等対価に係る税額	⑱		32
	特定課税仕入れの返還等対価に係る税額 (注1)	⑲		33

地方消費税の 課税標準となる 消費税額 (注2)		⑳	2 0 4 1 0 0	41
	4 ％ 適用分	㉑		42
	6.3 ％ 適用分	㉒		43
	6.24%及び7.8% 適用分	㉓	2 0 4 1 0 0	44

(注1)　⑧～⑩及び⑲欄は、一般課税により申告する場合で、課税売上割合が95％未満、かつ、特定課税仕入れがある事業者のみ記載します。
(注2)　⑳～㉓欄が還付税額となる場合はマイナス「－」を付してください。

❽
付表4-3の⑪欄の金額を記載

❾
付表4-3の⑪欄の金額を記載

Part
6
消費税の確定申告の
準備をしよう

191

簡易課税制度を適用した 「第一表 課税期間分の消費税及び地方消費税の確定申告書」の記入例

❶ 提出日、提出先の税務署名、申告する事業者の氏名、現住所、電話番号、屋号、マイナンバー（個人番号）を記載

❷ 課税期間と表題のカッコ内に「確定」と記載

❸ 申告書第二表の①欄の金額を記載

❹ 申告書第二表の⑪欄の金額を記載

❺ 付表4-3の④ C欄の金額を記載

❻ 付表4-3の⑦欄の金額を記載

❼ 付表4-3の⑨欄の金額を記載

❽ 差引税額⑨欄－中間納付税額⑩欄＝納付税額を記載

❾ 申告書第二表の⑦欄の金額を記載

❿ 2年前の課税売上高を記載

⓫ 付表4-3の⑪欄の金額を記載

⓬ 付表4-3の⑬欄の金額を記載

⓭ 納付税額⑳欄－中間納付譲渡割額㉑欄＝納付譲渡割額を記載

⓮ 消費税及び地方消費税の合計税額を記載

⓯ 事業区分ごとの課税売上高（税抜）と売上割合を記載

第3-(3)号様式

この用紙はとじこまないでください。

GK0405

第一表

令和 7 年 3 月 15 日

豊島 税務署長殿

納税地 東京都豊島区小寒子3-9
（電話番号 03 - 3922 - □□22 ）

（フリガナ）
名称又は屋号

個人番号又は法人番号 1 2 3 4 5 6 7 8 9 X X X X

（フリガナ） ネコ ヤマタ タマ
代表者氏名又は氏名 猫山タマ

自 令和 6 年 1 月 1 日
至 令和 6 年 12 月 31 日

課税期間分の消費税及び地方消費税の（ 確定 ）申告書

この申告書による消費税の税額の計算

課税標準額	①	5 2 3 5 0 0 0
消費税額	②	4 0 8 3 3 0
貸倒回収に係る消費税額	③	
控除対象仕入税額	④	2 0 4 1 6 5
返還等対価に係る税額	⑤	
貸倒れに係る税額	⑥	
控除税額小計	⑦	2 0 4 1 6 5
控除不足還付税額	⑧	
差引税額	⑨	2 0 4 1 0 0
中間納付税額	⑩	
納付税額	⑪	2 0 4 1 0 0
中間納付還付税額	⑫	0 0
既確定税額	⑬	
差引納付税額	⑭	0 0
課税資産の譲渡等の対価の額	⑮	5 2 3 5 0 0 0
資産の譲渡等の対価の額	⑯	4 9 6 7 2 0 0

この申告書による地方消費税の税額の計算

控除不足還付税額	⑰	
差引税額	⑱	2 0 4 1 0 0
譲渡割額 納税額	⑲	5 7 5 0 0
還付額	⑳	5 7 5 0 0
中間納付譲渡割額	㉑	
納付譲渡割額	㉒	5 7 5 0 0
中間納付還付譲渡割額	㉓	0 0
既確定譲渡割額	㉔	
差引納付譲渡割額	㉕	0 0
消費税及び地方消費税の合計税額	㉖	2 6 1 6 0 0

付記事項

		有	無
割賦基準の適用	31	○	
延払基準等の適用	32		○
工事進行基準の適用	33		○
現金主義会計の適用	34		○
課税標準額に対する消費税額の計算の特例の適用	35		○

区分	課税売上高（税抜き）（免税事業者を除く）	売上割合%
第1種		36
第2種		37
第3種		38
第4種		39
第5種	5,236	100.0 40
第6種		41

特例計算適用（令57③） 有 ○ 無

税理士法第30条の書面提出 有
税理士法第33条の2の書面提出 有

「付表6　税率別消費税額計算表 [小規模事業者に係る税額控除に関する経過措置を適用する課税期間用]」の記入例

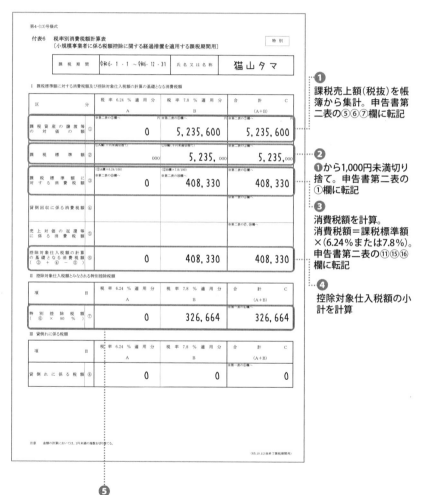

❶ 課税売上額（税抜）を帳簿から集計。申告書第二表の⑤⑥⑦欄に転記

❷ ❶から1,000円未満切り捨て。申告書第二表の①欄に転記

❸ 消費税額を計算。
消費税額＝課税標準額×（6.24％または7.8％）。
申告書第二表の⑪⑮⑯欄に転記

❹ 控除対象仕入税額の小計を計算

❺ 特別控除税額を計算。
「特別控除税額＝⑥の控除対象仕入税額の計算の基礎となる消費税額×80％」
申告書第一表の④欄に転記

Part
6
消費税の確定申告の準備をしよう

193

2割特例を適用した「第二表　課税標準額等の内訳書」の記入例

❶ 申告する事業者の氏名、現住所、電話番号、屋号を記載

❷ 課税期間と表題のカッコ内に「確定」と記載

❸ 付表6の②C欄の金額を記載。申告書第一表の①欄へ転記

❹ 付表6の①B欄の金額を記載

❺ 課税資産の譲渡等の対価の額(②から⑥)の合計額を記載

❻ 付表6の③C欄の金額を記載。申告書第一表の②欄へ転記

❼ 付表6の③B欄の金額を記載

第3-(2)号様式

課税標準額等の内訳書

GK0602

個人事業者用

第二表

納税地　東京都豊島区小暗子3-9
（電話番号　03 - 3922 - □□22）

（フリガナ）
屋　号

（フリガナ）　ネコ　ヤマ　タマ
氏　名　猫山タマ

改正法附則による税額の特例計算
軽減売上割合(10営業日)　附則38①　51
小売等軽減仕入割合　附則38②　52

自 令和 6年 1月 1日
至 令和 6年12月31日
課税期間分の消費税及び地方消費税の（確定）申告書

中間申告　自 令和　　年　　月　　日
の場合の　至 令和　　年　　月　　日
対象期間

令和四年四月一日以後終了課税期間分

課税標準額 ※申告書(第一表)の①欄へ	①	5 2 3 5 0 0 0	01

課税資産の譲渡等の対価の額の合計額	3 % 適用分	②		02
	4 % 適用分	③		03
	6.3 % 適用分	④		04
	6.24% 適用分	⑤	0	05
	7.8 % 適用分	⑥	5 2 3 5 6 0 0	06
（②～⑥の合計）		⑦	5 2 3 5 6 0 0	07
特定課税仕入れに係る支払対価の額の合計額 (注1)	6.3 % 適用分	⑧		11
	7.8 % 適用分	⑨		12
（⑧・⑨の合計）		⑩		13

消費税額 ※申告書(第一表)の②欄へ	⑪	4 0 8 3 3 0	21

⑪ の内訳	3 % 適用分	⑫		22
	4 % 適用分	⑬		23
	6.3 % 適用分	⑭		24
	6.24% 適用分	⑮	0	25
	7.8 % 適用分	⑯	4 0 8 3 3 0	26

返還等対価に係る税額 ※申告書(第一表)の⑤欄へ	⑰		31
⑰の内訳	売上げの返還等対価に係る税額	⑱		32
	特定課税仕入れの返還等対価に係る税額 (注1)	⑲		33

地方消費税の課税標準となる消費税額 (注2)	（⑳～㉓の合計）	⑳	－	41
	4 % 適用分	㉑		42
	6.3 % 適用分	㉒		43
	6.24%及び7.8% 適用分	㉓	－	44

(注1) ⑧～⑨及び⑲欄は、一般課税により申告する場合で、課税売上割合が95%未満、かつ、特定課税仕入れがある事業者のみ記載します。
(注2) ⑳～㉓欄が還付税額となる場合はマイナス「－」を付してください。

❽ 「⑪欄」－「付表6の⑥欄」－「⑰欄」を計算して記載

❾ 地方消費税の課税標準となる消費税額(㉑から㉓)の合計額を記載。なお、⑳から㉓欄が還付税額となる場合は「－(マイナス)」を記載

2割特例を適用した「第一表　課税期間分の消費税及び地方消費税の確定申告書」の記入例

② 課税期間と表題のカッコ内に「確定」と記載

① 提出日、提出先の税務署名、申告する事業者の氏名、現住所、電話番号、屋号、マイナンバー（個人番号）を記載

③ 申告書第二表の①欄の金額を記載

④ 申告書第二表の⑪欄の金額を記載

⑤ 付表6の⑦欄の金額を記載

⑥ 控除税額（④＋⑤＋⑥）の小計を記載

⑦ 差引税額（②＋③－⑦）を記載

⑧ 納付税額（⑨－⑩）を記載

⑨ ⑨欄の金額を記載

⑩ ⑱欄の金額に $\frac{22}{78}$（⑱欄 × $\frac{22}{78}$）を乗じた金額を記載

⑪ 納付譲渡割額（⑳－㉑）を記載

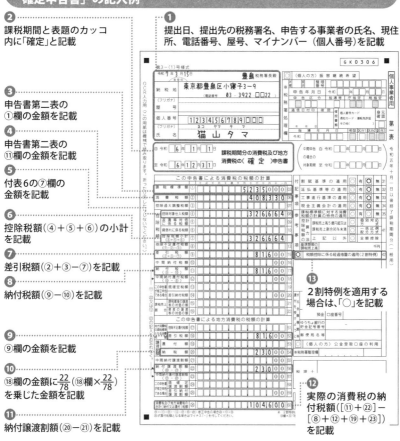

⑬ 2割特例を適用する場合は、「○」を記載

⑫ 実際の消費税の納付税額（［⑪＋㉒］－［⑧＋⑫＋⑲＋㉓］）を記載

ポイント

確定申告書類は必ず最新版を入手して使用しましょう。書類に必要事項を記載したら、1月1日から3月31日までの期間に税務署へ提出します。

Part **6** 消費税の確定申告の
準備をしよう

ふりかえり

個人事業主やフリーランスの消費税の確定申告期間は、1月1日から3月31日まで。同じ期間に納付も済ませる。

納付が期日より遅れたら、延滞税を取られる。
もし特別な事情があって間に合わないときは、早めに税務署へ要相談。

消費税の計算方法が一般課税方式か簡易課税制度か2割特例かによって、確定申告で提出する書類が変わる。

確定申告の流れは、課税対象期間の課税取引を整理し、売上の消費税から仕入れの消費税を差し引いて、納付する消費税と地方消費税の合計金額を申告書に記入する。

中間納付税額の計算方法は、「予定申告方式」と「仮決算方式」の2つある。

納める消費税（国税のみ）が48万円を超えたら、次の年に中間納付をする。
中間納付の回数と金額は、前年の納付税額によって決まる。

消費税の納付は「窓口納付」「振替納税」「クレジットカード納付」「コンビニ納付（QRコード）」「ダイレクト納付」「インターネットバンキング等」で手続きできる。

巻 末 付 録

インボイス制度が始まり、
「適格請求書発行事業者の登録申請書」
「消費税簡易課税制度選択届出書」など……、
なじみのない申請書や届出書を書くことも。
巻末付録では、申請書と届出書の記入例と、
インボイスと消費税の対処ポイントをご紹介!

「適格請求書発行事業者の登録申請書」の記入例（1枚目）

第1−（3）号様式

国内事業者用

適格請求書発行事業者の登録申請書

【1／2】

収受印

令和 6 年 3 月 15 日

（フリガナ）	トウキョウトシマクコネコ
住所又は居所 （法人の場合） 本店又は 主たる事務所 の所在地	（〒 171－0000） （法人の場合のみ公表されます） 東京都豊島区小寢子3−9 （電話番号 03 － 3992 －□□22 ）
（フリガナ）	トウキョウトシマクコネコ
納税地	（〒 171－0000） 東京都豊島区小寢子3−9 （電話番号 03 － 3992 －□□22 ）
（フリガナ）	ネコヤマ　　タマ
氏名又は名称	猫山□タマ
（フリガナ）	
（法人の場合） 代表者氏名	

申請者

豊島 税務署長殿

法人番号

この申請書に記載した次の事項（ ● 印欄）は、適格請求書発行事業者登録簿に登録されるとともに、国税庁ホームページで公表されます。
1　申請者の氏名又は名称
2　法人（人格のない社団等を除く。）にあっては、本店又は主たる事務所の所在地
　なお、上記1及び2のほか、登録番号及び登録年月日が公表されます。
　また、常用漢字等を使用して公表しますので、申請書に記載した文字と公表される文字とが異なる場合があります。

下記のとおり、適格請求書発行事業者としての登録を受けたいので、消費税法第57条の2第2項の規定により申請します。

事業者区分	この申請書を提出する時点において、該当する事業者の区分に応じ、□にレ印を付してください。 ※　次葉「登録要件の確認」欄を記載してください。また、免税事業者に該当する場合には、次葉「免税事業者の確認」欄も記載してください（詳しくは記載要領をご確認ください。）。
	□　課税事業者（新たに事業を開始した個人事業者又は新たに設立された法人等を除く。）
	☑　免税事業者（新たに事業を開始した個人事業者又は新たに設立された法人等を除く。）
	□　新たに事業を開始した個人事業者又は新たに設立された法人等

		課税期間の初日
□　事業を開始した日の属する課税期間の初日から登録を受けようとする事業者 ※　課税期間の初日が令和5年9月30日以前の場合の登録年月日は、令和5年10月1日となります。		令和　　年　　月　　日

□　上記以外の課税事業者
□　上記以外の免税事業者

税理士署名

（電話番号 　－　　－　　）

税務署処理欄	整理番号		部門番号		申請年月日	年　月　日	通信日付印 年　月　日	確認
	入力処理	年　月　日	番号確認		身元確認	□済 □未済	確認書類	個人番号カード／通知カード・運転免許証 その他（　　　）
	登録番号	T						

注意　1　記載欄は留意の上、記載してください。
　　　2　税務署処理欄は、記載しないでください。
　　　3　この申請書を提出するときは、「適格請求書発行事業者の登録申請書（次葉）」を併せて提出してください。

❶ 姓と名の間は1文字空ける。屋号の記載はしない

❷ 必ずどちらかの事業者区分に☑を記載

❸ 事業を開始した日に属する課税期間の初日から登録を受ける場合に☑を記載

❹ 事業を開始した日の属する課税期間の初日から登録を受けずに、「消費税課税事業者選択届出書」を提出して、申請書を提出する時点で課税事業者になる場合に☑を記載

❺ 事業を開始した日の属する課税期間の初日から登録を受けずに、申請書を提出する時点において免税事業者の場合に☑を記載

この申請書は、令和五年十月一日から令和十二年九月二十九日までの間に提出する場合に使用します。

「適格請求書発行事業者の登録申請書」の記入例（次葉）

❻ 登録希望日（課税期間の初日を希望する場合を含む）から登録を受ける場合は☑を記載し、事業内容や登録希望日などを記載。なお、個人番号は必ず記載し、本人確認書類の写しを添付

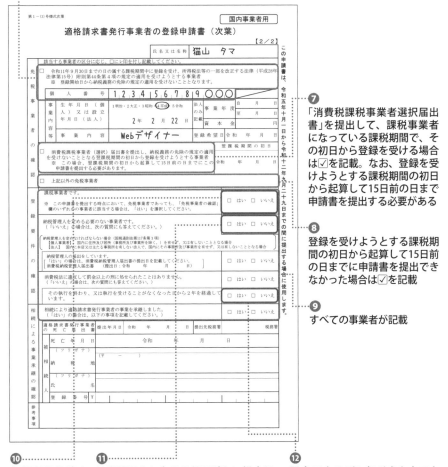

❼ 「消費税課税事業者選択届出書」を提出して、課税事業者になっている課税期間で、その初日から登録を受ける場合は☑を記載。なお、登録を受けようとする課税期間の初日から起算して15日前の日まで申請書を提出する必要がある

❽ 登録を受けようとする課税期間の初日から起算して15日前の日までに申請書を提出できなかった場合は☑を記載

❾ すべての事業者が記載

❿ 免税事業者がインボイス発行事業者の登録を受ける場合には「はい」に☑を記載

⓫ 納税管理人を定める必要がない場合は、「はい」に☑を記載。なお、今後、国内に住所を有しない場合は、納税管理人を定める必要があるので、「いいえ」に☑を記載し、下欄の納税管理人の届出について記載。また、届出していない場合は申請が拒否されることもある

⓬ 罰金以上の刑に処せられたことがない場合は、「はい」に☑を記載（「加算税」や「延滞税」は罰金ではない）。なお、「いいえ」の場合は、下欄の執行状況に記載する。ただし、下欄の確認事項が「いいえ」の場合、申請が拒否されることもある

199

「適格請求書発行事業者の公表事項の公表(変更)申出書」の記入例

❶ 国税庁の公表サイトに次の事項を追加(変更)して公表することを希望する場合のみ提出

適格請求書発行事業者の公表事項の公表(変更)申出書

令和 6 年 3 月 15 日	(フリガナ)	トウキョウトトシマクネコ		
申 納 税 地		〒 171 - 0000 東京都豊島区小寝子3-9		
			(電話番号 03 - 3992 - □□22)	
出 氏 名 又 は名 称 及 び代 表 者 氏 名	(フリガナ)	ネコヤマ タマ		
		猫山 タマ		
豊島 税務署長殿	法 人 番 号	個人の方は個人番号の記載は不要です。		
者 登 録 番 号	T	1 2 3 4 5 6 7 8 9 ○○○○		

国税庁ホームページの公表事項について、下記の事項を追加(変更)し、公表することを希望します。

新たに公表を希望する事項の□にレ印を付し記載してください。

新たに公表する事項	個人事業者	☑ 主 た る 屋 号複数ある場合任意の一つ	(フリガナ) ネコ ヤマ デザイン ネコ山デザイン
		☑ 主 た る 事 務 所の 所 在 地 等複数ある場合任意の一箇所	(フリガナ) トウキョウトトシマクネコ 東京都豊島区小寝子3-9
		☑ 通 称□ 旧姓(旧氏)氏名住民票に併記されている通称又は旧姓(旧氏)に限る	いずれかの□にレ印を付し、通称又は旧姓(旧氏)を使用した氏名を記載してください。☑ 氏名に代えて公表☐ 氏名と併記して公表 (フリガナ)(通称)ネコ山タマ／(旧姓氏名)寅田タマ
	人格のない社団等	☐ 本 店 又 は 主 た る事 務 所 の 所 在 地	(フリガナ)

既に公表されている上記の事項について、公表内容の変更を希望する場合に記載してください。

変更の内容	変 更 年 月 日	令和 年 月 日
	変 更 事 項	(個) ☐主たる屋号 ☐主たる事務所の所在地等 ☐通称又は旧姓(旧氏)氏名(人)
	変 更 前	
	変 更 後	

※ 常用漢字等を使用して公表しますので、申出書に記載した文字と公表される文字とが異なる場合があります。

参 考 事 項	
税 理 士 署 名	

整 理 番 号					
申 出 年 月 日	年 月 日	入 力 処 理	年 月 日	番 号 確 認	

注意 1 記載要領等に留意の上、記載してください。
　　 2 税務署処理欄は、記載しないでください。

●国税庁ウェブサイトの表示例
【氏名に代えて公表を希望】
通称:ネコ山タマ
旧姓氏名:寅田タマ

【氏名と併記して公表を希望】
通称:猫山タマ(ネコ山タマ)
旧姓氏名:猫山タマ(寅田タマ)

❷ 新たに公表を希望する事項に☑を記載

❸ 公表を希望する屋号を記載

❹ 公表を希望する事務所の所在地等を記載

複数ある場合は、任意の1つまたは1カ所を選択して記載。国税庁の公表サイトには記載された通り表示される

❻ 住民票に記載されている通称または旧姓氏名を記載

【注意点】
・通称または旧姓氏名については、住民票に併記される場合に限り、国税庁の公表サイトの公表事項に追加(変更)して公表できる
・通称または旧姓氏名の公表を希望する場合は、通称または旧姓氏名と併記していることが確認できる住民票の写しの添付が必要(e-Taxでの提出の場合、添付は省略)

❺ 通称または旧姓氏名を希望する場合「氏名に代えて公表」するか「氏名と並記して公表」するかのいずれかに☑を記載

*今後、変更される可能性があります

① インボイス発行事業者から免税事業者へ戻る場合に提出

第3号様式

適格請求書発行事業者の登録の取消しを求める旨の届出書

収受印			
令和 6年12月 1日	届出者	(フリガナ) 納税地	トウキョウトトシマクコネコ (〒 171 - 0000) 東京都豊島区小寝子3-9 (電話番号 03 - 3992 - □□22)
		(フリガナ) 氏名又は名称及び代表者氏名	ネコヤマ　　タマ 猫山　タマ
豊島 税務署長殿		法人番号	※ 個人の方は個人番号の記載は不要です。
		登録番号	T 1 2 3 4 5 6 7 8 9 ○○○○

② 提出日と所轄税務署を記載

③ 免税事業者へ戻る届出者の納税地の住所、電話番号、氏名または名称、代表者名、登録番号を記載

　下記のとおり、適格請求書発行事業者の登録の取消しを求めますので、消費税法第57条の2第10項第1号の規定により届出します。

登録の効力を失う日	令和 7 年 1 月 1 日 ※ 登録の効力を失う日は、届出書を提出した日の属する課税期間の翌課税期間の初日となります。 　ただし、この届出書を提出した日の属する課税期間の末日から起算して30日前の日から当該課税期間の末日までの間に提出した場合は、翌々課税期間の初日となります。 　登録の効力を失った旨及びその年月日は、国税庁ホームページで公表されます。
適格請求書発行事業者の登録を受けた日	令和 6 年 10 月 1 日
参 考 事 項	
税 理 士 署 名	(電話番号　　-　　-　　)

④ 登録の効力を失う日を記載

⑤ 登録を受けた日を記載

税務署処理欄	整理番号		部門番号		通信 日付印 年　月　日	確認
	届出年月日	年　月　日	入力処理	年　月　日	番号確認	

注意　1　記載要領等に留意の上、記載してください。
　　　2　税務署処理欄は、記載しないでください。

「消費税課税事業者選択届出書」の記入例

❶ 提出日と所轄税務署を記載

第1号様式

消費税課税事業者選択届出書

収受印			
令和 6年 7月 15日	届出者	（フリガナ）納税地	トウキョウトトシマクコネコ（〒 171-0000 ）東京都豊島区小寝子3-9（電話番号 03 - 3992 - □□22 ）
		（フリガナ）住所又は居所（法人の場合）本店又はまたる事務所の所在地	（〒 - ）同 上（電話番号 - - ）
		（フリガナ）名称（屋号）	
		個人番号又は法人番号	個人番号の記載に当たっては、左端を空欄とし、ここから記載してください。1 2 3 4 5 6 7 8 9 ○ ○ ○
		（フリガナ）氏 名（法人の場合）代表者氏名	ネコ ヤマ タマ猫 山 タマ
豊島 税務署長殿		（フリガナ）（法人の場合）代表者住所	（電話番号 - - ）

下記のとおり、納税義務の免除の規定の適用を受けないことについて、消費税法第9条第4項の規定により届出します。

適用開始課税期間	自 ○平成 ●令和 7 年 1 月 1 日	至 ○平成 ●令和 7 年 12 月 31 日		
上記期間の基準期間	自 ○平成 ○令和 年 月 日	左記期間の総売上高		円
	至 ○平成 ○令和 年 月 日	左記期間の課税売上高		円
事業内容等	生年月日（個人）又は設立年月日（法人）1明治・2大正・3昭和・4平成・5令和○ ○ ● ○ ○2 年 2 月 22 日	法人のみ記載	事業年度	自 月 日 至 月 日
			資本金	円
	事業内容 Webデザイナー	届出区分	事業開始・設立・相続・合併・分割・特別会計・その他 ○ ○ ○ ○ ○ ○ ○	
参考事項		税理士署名	（電話番号 - - ）	

税務署処理欄	整理番号		部門番号						
	届出年月日	年 月 日	入力処理	年 月 日	台帳整理	年 月 日			
	通信日付印 確認	年 月 日 認	番号確認		身元確認	□ 済□ 未済	確認書類	個人番号カード/通知カード・運転免許証その他	

注意 1. 裏面の記載要領等に留意の上、記載してください。
   2. 税務署処理欄は、記載しないでください。

❷ 届出者の納税地の住所、電話番号、氏名、個人番号を記載

❸ 適用開始課税期間は翌年以降の1月1日〜12月31日

❹ 個人事業主は生年月日を記載。事業内容は、開業届に記載した事業内容を記載

❺ 相続や会社合併にともなって課税事業者となる場合に記載。それ以外は特に記載不要

❶

インボイス発行事業者から免税事業者へ
戻る場合に提出

第5号様式

消費税の納税義務者でなくなった旨の届出書

収受印			
令和 6 年 12 月 1 日	届出者	（フリガナ）納税地	トウキョウトトシマクコネコ （〒 171 - 0000 ） 東京都豊島区小寝子3-9 （電話番号 03 - 3992 -□□22）
		（フリガナ）氏名又は名称及び代表者氏名	ネコヤマ　　タマ 猫山　タマ
豊島 税務署長殿		個人番号又は法人番号	※ 個人番号の記載に当たっては、左端を空欄とし、ここから記載してください。 1 2 3 4 5 6 7 8 9 ○ ○ ○

下記のとおり、納税義務がなくなりましたので、消費税法第57条第1項第2号の規定により届出します。

①	この届出の適用開始課税期間	自 ○平成 ◉令和 7 年 1 月 1 日　至 ○平成 ◉令和 7 年 12 月 31 日
②	①の基準期間	自 ○平成 ◉令和 5 年 1 月 1 日　至 ○平成 ◉令和 5 年 12 月 31 日
③	②の課税売上高	3,500,000 円

※1　この届出書を提出した場合であっても、特定期間（原則として、①の課税期間の前年の1月1日（法人の場合は前事業年度開始の日）から6か月間）の課税売上高が1千万円を超える場合には、①の課税期間の納税義務は免除されないことになります。
2　高額特定資産の仕入れ等を行った場合、消費税法第12条の4第1項の適用がある課税期間については、当該課税期間の基準期間の課税売上高が1千万円以下の場合であっても、その課税期間の納税義務は免除されないことになります。
（詳しくは、裏面をご覧ください。）

納税義務者となった日	○平成 ◉令和 5 年 7 月 15 日
参 考 事 項	
税 理 士 署 名	（電話番号 　　　 - 　　　 - 　　　）

※税務署処理欄	整理番号		部門番号			
	届出年月日	年 月 日	入力処理	年 月 日	台帳整理	年 月 日
	番号確認	身元確認 □ 済 □ 未済	確認書類	個人番号カード/通知カード・運転免許証 その他（ 　　 ）		

注意　1．裏面の記載要領等に留意の上、記載してください。
　　　2．税務署処理欄は、記載しないでください。

❷
提出日と所轄税務署を記載

❸
免税事業者へ戻る届出者の納税地の住所、電話番号、氏名、個人番号を記載

❹
納税義務がなくなる年の期間を記載

❺
免税になる2年前の基準期間を記載

❻
免税になる2年前の基準期間の課税売上高を記載

❼
免税事業者から課税事業者になるために「適格請求書発行事業者の登録申請書」または「消費税課税事業者選択届出書」を提出し登録した日

「消費税簡易課税制度選択届出書」の記入例

① 提出日と所轄税務署を記載

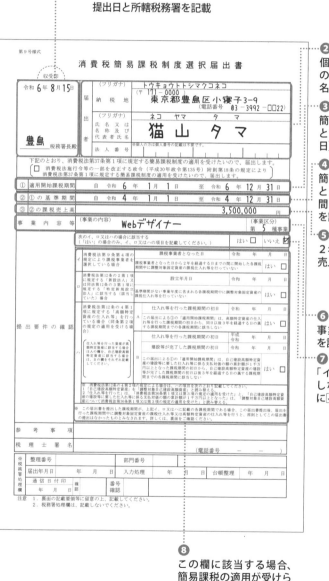

② 個人事業主は納税地の住所、電話番号、氏名または名称を記載

③ 簡易課税を受けようとする期間（初日と末日）を記載

④ 簡易課税を受けようとする期間の基準期間（2年前の課税期間）を記載

⑤ 2年前の課税期間の売上高を記載

⑥ 事業内容と事業区分を記載

⑦ 「イ、ロ、ハ」に該当しない場合「いいえ」に☑を記載

⑧ この欄に該当する場合、簡易課税の適用が受けられないこともある

「消費税簡易課税制度選択不適用届出書」の記入例

❶ 提出日と所轄税務署を記載

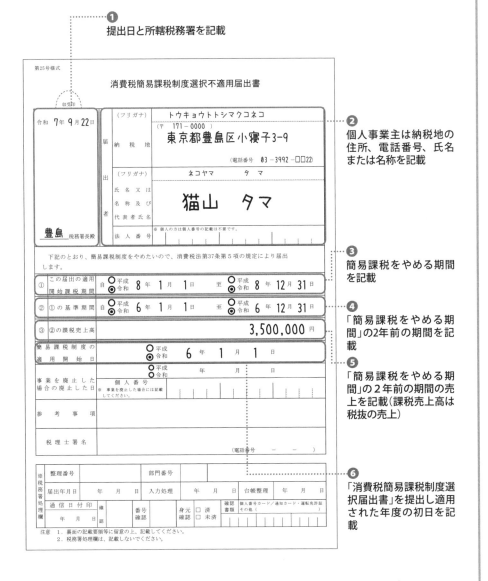

第25号様式

消費税簡易課税制度選択不適用届出書

収受印

令和 7 年 9 月 22 日

届出者	(フリガナ)	トウキョウトトシマクコネコ
	納税地	(〒 171 − 0000) 東京都豊島区小寝子3-9 (電話番号 03 − 3992 −□□22)
	(フリガナ)	ネコヤマ タマ
	氏名又は名称及び代表者氏名	猫山 タマ
	法人番号	※ 個人の方は個人番号の記載は不要です。

豊島 税務署長殿

❷ 個人事業主は納税地の住所、電話番号、氏名または名称を記載

下記のとおり、簡易課税制度をやめたいので、消費税法第37条第5項の規定により届出します。

①	この届出の適用開始課税期間	自 ○平成 ◉令和 8 年 1 月 1 日	至 ○平成 ◉令和 8 年 12 月 31 日
②	①の基準期間	自 ○平成 ◉令和 6 年 1 月 1 日	至 ○平成 ◉令和 6 年 12 月 31 日
③	②の課税売上高		3,500,000 円
	簡易課税制度の適用開始日	○平成 ◉令和 6 年 1 月 1 日	
	事業を廃止した場合の廃止日	○平成 ○令和 年 月 日	
		個人番号 ※ 事業を廃止した場合には記載してください。	
	参 考 事 項		
	税 理 士 署 名	(電話番号 − −)	

※税務署処理欄	整理番号		部門番号			
	届出年月日	年 月 日	入力処理	年 月 日	台帳整理	年 月 日
	通信日付印 確認	年 月 日	番号確認	身元確認 □ 済 □ 未済	確認書類 個人番号カード/通知カード・運転免許証 その他( )	

注意 1．裏面の記載要領等に留意の上、記載してください。
2．税務署処理欄は、記載しないでください。

❸ 簡易課税をやめる期間を記載

❹ 「簡易課税をやめる期間」の2年前の期間を記載

❺ 「簡易課税をやめる期間」の2年前の期間の売上を記載（課税売上高は税抜の売上）

❻ 「消費税簡易課税制度選択届出書」を提出し適用された年度の初日を記載

「適格請求書発行事業者の死亡届出書」の記入例

❶ 提出日と所轄税務署を記載

第4号様式

適格請求書発行事業者の死亡届出書

収受印			
令和 6 年 11 月 1 日	届出者	（フリガナ）	トウキョウトシマクオオネコ
		住所又は居所	（〒 171 - 0000 ） 東京都豊島区大寢子2-2
			（電話番号 03 - 3222 - □□22 ）
		（フリガナ）	シマ ネコ　タロウ
豊島 税務署長殿		氏　名	島猫 太郎
		個 人 番 号	○○○○○○○○○○○○

下記のとおり、適格請求書発行事業者が死亡したので、消費税法第57条の3第1項の規定により届出します。

❷ 届出者の納税地の住所、電話番号、氏名、個人番号を記載

死 亡 年 月 日	令和 6 年 10 月 10 日

❸ 亡くなった人の死亡年月日を記載

死亡した適格請求書発行事業者	（フリガナ）	トウキョウトシマクオオネコ
	納 税 地	（〒 171 - 0000 ） 東京都豊島区大寢子2-2
	（フリガナ）	シマ ネコ　イチロウ
	氏　名	島猫 一郎
	登 録 番 号	T 1 2 3 4 5 6 7 8 9 ○ ○ ○ ○

❹ 亡くなったインボイス発行事業者の納税地の住所、氏名、登録番号を記載

届出者と死亡した適格請求書発行事業者との関係	実 父

❺ 届出者と亡くなったインボイス発行事業者との関係を記載

相続による届出者の事業承継の有無	適格請求書発行事業者でない場合は、有無のいずれかを○で囲んでください。 （有）・無

❻ 相続した人が事業を承継するかの有無を記載

参 考 事 項	

税 理 士 署 名	
	（電話番号　　 -　　 -　　 ）

税務署処理欄	整 理 番 号		部 門 番 号		届出年月日	年　月　日
	入 力 処 理	年　月　日	番号確認	身元確認 □ 済 □ 未済	確認書類	個人番号カード/通知カード・運転免許証 その他（　　　　）

注意　1　記載要領等に留意の上、記載してください。
　　　2　税務署処理欄は、記載しないでください。

サクッとわかる！
インボイスと消費税の
対処ポイント！

Q 自力で消費税申告をする場合の
もっとも簡単な方法は何ですか？

A 日々の会計処理を「税込方式」（消費税込の金額）で認識し、エクセルや手書きで対応しようとしている方は、「簡易課税制度」により消費税の申告を行う方法がもっとも簡単です（２割特例が使える場合は、２割特例の採用を検討しましょう　112ページ参照）。

「簡易課税制度」は、次の２点について注意するだけで大丈夫！

①**課税売上高（消費税がかかる売上高）を集計**

②**あなたのみなし仕入率（事業区分）** 109ページ参照 **を把握**

一般課税に比べて、会計処理の際に気をつけることがグッと減ります。

もちろん、仕入れ先からのインボイスの入手も不要です。また、会計処理を「税込方式」にすれば、消費税がかかった取引かどうかも考えなくてよくなるので、入金額や支払額ベースでの処理が可能となり、非常にシンプルです。

ただし、簡易課税制度は場合によっては、税額が増えてしまうというデメリットもあるので、費用対効果を考えて検討をしてください 111ページ参照 。

参考までに、もともとが免税事業者の場合は、簡易課税制度を適用して納める消費税の「上限額」は45万円程度（２割特例の場合は18万円程度）だとお考えください（1,000万円［免税事業者になるギリギリの売上］÷1.1［税抜に直す］×10%［消費税率］×50%［みなし仕入率：第5種事業の場合]）。

なお、一般課税を選択すると、さらに少ない金額になるかもしれませんが、労力や費用を勘案すると、微妙な差異かもしれません。

Q & A

Q 一般課税を選択する場合でも
帳簿づけはエクセルで大丈夫ですか?

A 一般課税を選択する場合、エクセルで帳簿をつけるのはお勧めしません。

市販の会計ソフト（freee会計、マネーフォワードクラウド、弥生会計など）を活用して、会計処理を行うことをお勧めします。というのも、一般課税で消費税申告する場合、会計処理においてこまごまとしたことに、日々、気をつけなければならないからです。特に、仕入取引（経費の支払い等を含む）で、次のことに注意しながら会計処理していく必要があります。

- 課税取引か、それ以外（非課税、不課税、免税取引）か
- インボイスを入手しているか、していないか
- 税率は8%か10%か

会計ソフトを活用すると、これらのケアが比較的簡単に行えるので、ミスや記入漏れを防ぐことができるでしょう。

Q 消費税の処理が難しそうなので、
自分でできるか不安です……

A 自分で消費税の申告をしたくない場合は、誰かにお願いしましょう。とはいえ、個人事業主やフリーランスで経理スタッフを雇える人は少ないと思います。その場合は、会計事務所や税理士事務所と顧問契約をして、経理業務をお任せしましょう。

料金体系は事務所によって異なりますが、一般的にはあなたの事業形態の売上規模や会計処理の量などによって毎月の料金が決まります。

会計事務所や税理士事務所を選ぶ際は、複数の事務所にサービス内容と料金体系の話を聞きに行き、比較検討してみると、より自分に合った事務所に巡り合える確率が高まります。

Q 電子帳簿保存法の対応が難しそうですが、
逃げ道はありませんか?

A 電子取引で入手した書類(メールに添付されたインボイスやウェブ
サイトからダウンロードする領収書など)は、電子データで保存し
なければなりません Part 5 。残念ながら、この保存方式から逃れることは
できません。

しかし、すべての書類を「紙」でもらう場合は、そもそも電子帳簿保存
法の対応が不要になるので、事実上の逃げ道といえます。例えば、仕入れ
先には紙の請求書での発行をお願いします。また、領
収書の発行が電子データのみの場合は契約しないなど、
こういったことを徹底すれば、電子帳簿保存法の対応
は不要です。とはいえ、時代の流れとは逆行するので、
あまりお勧めの対応とはいえません。

Q インボイスや消費税について、
直接教えてくれる相談先はありますか?

A インボイスや消費税などの税務について、わからないことがある場
合、お近くの税務署の電話番号を調べて、直接電話で聞いてみると
いいでしょう。自動音声案内で「国税局電話相談センター」へ接続する番
号を案内されます。そのガイダンスに従って「国税局電話相談センター」
へつないでもらうと、担当者が懇切丁寧に応対してくれます。

マニアックな内容を質問する場合でも、きちんと
調べて折り返し電話をくれるなど、正確で誠実な対
応をしてくれます。

ただし、窓口の担当者は電話をかけるたびに変わ
るので、「さっきの電話のあの内容の件ですが」と
いった連続したコミュニケーションには不向きです。

索 引

川崎晴一郎（かわさき・せいいちろう）

公認会計士・税理士。
KMS経営会計事務所代表。
2007年に有限責任監査法人トーマツを退所と同時に独立。数値の側面からクライアント企業の「経営見える化」を実現し、その成長に貢献することをミッションにしている。
社内の経理リソースが不足しているクライアントに対し、経理業務自体の引き受けや書類のデータ化支援なども多数実施。電子帳簿保存法対応のためのサーバーを自社で用意できない小さな会社や個人事業主には、ストレージサービスも安価で提供している。
著書には、改訂前の本書底本『いまだに全然意味がわかっていない個人事業主・フリーランスですが、インボイスって結局どうすればいいのか教えてください！』のほか、『秒速決算〜スピーディに人を動かす管理会計で最高の利益体質をつくる！』（技術評論社）、共著に『IPO実務検定試験公式テキスト』（中央経済社）などがある。

改訂新版
いまだに全然意味がわかっていない個人事業主・フリーランスですが、
インボイスって 結局どうすればいいのか教えてください！

2024年1月28日　第1刷発行

著　者⋯⋯⋯⋯⋯川崎　晴一郎
発行者⋯⋯⋯⋯⋯徳留　慶太郎
発行所⋯⋯⋯⋯⋯株式会社すばる舎
　　　　　　　　〒170-0013 東京都豊島区東池袋 3-9-7 東池袋織本ビル
　　　　　　　　TEL 03-3981-8651（代表）　03-3981-0767（営業部直通）
　　　　　　　　FAX 03-3981-8638
　　　　　　　　URL https://www.subarusya.jp/
装　丁⋯⋯⋯⋯⋯菊池　祐（ライラック）
本文デザイン・DTP⋯⋯⋯⋯矢野　のり子（島津デザイン事務所）
マンガ・イラスト⋯⋯⋯⋯中山　成子
編集担当⋯⋯⋯⋯菅沼　真弘（すばる舎）
編集制作⋯⋯⋯⋯和栗　牧子
校　正⋯⋯⋯⋯⋯杉山　弘子
印　刷⋯⋯⋯⋯⋯ベクトル印刷株式会社